Gruppenvertrag

Datum:

1. Lest dieses Formular für einen Gruppenvertrag für die weitere Zusammenarbeit im Unterricht.
2. Entscheidet euch, wie ihr euch in den verschiedenen Situationen verhalten wollt. Kreuzt dies an.
3. Unterschreibt den Gruppenvertrag und überprüft die Einhaltung regelmäßig.

Gruppenmitglieder:

_____

_____

a) Wiederkehrende Arbeiten verteilen wir in unserer Gruppe so:

Aufgabe: _____   Name: _____
Aufgabe: _____   Name: _____
Aufgabe: _____   Name: _____
Aufgabe: _____   Name: _____

b) Bei der Verteilung neuer Aufgaben gehen wir so vor:
○ Die Lehrkraft soll die Aufgaben verteilen.
○ Wir besprechen in der Gruppe, wie wir die Arbeit verteilen wollen.
○ Jede Woche darf sich ein Mitglied aus unserer Gruppe zunächst die schönste Aufgabe auswählen.

c) Wenn ein Mitglied mit seiner Arbeit nicht fertig wird oder zu langsam arbeitet, machen wir Folgendes:
○ Einer von uns erledigt seine Aufgabe.
○ Wir erklären ihm, wie er die Aufgabe schneller erledigen kann.
○ Wir erledigen unsere Aufgaben und helfen ihm anschließend.

d) Wenn eine andere Gruppe unsere Hilfe benötigt, machen wir Folgendes:
○ Wir fragen die Lehrkraft, was wir tun sollen.
○ Wir helfen alle in der anderen Gruppe.
○ Einer von uns geht in die andere Gruppe.

Weitere Vereinbarungen:

Individuelle Lösungen _____

_____

_____

_____

_____

_____

Unterschrift der Gruppenmitglieder:

_____

1 Wirtschaftsunternehmen Haushalt
1.1 Haushalt/Versorgung – Wir erstellen eine Mind-Map

Wir beschreiben das Blatt quer, nicht längs. Das jeweilige Thema, hier „Haushalt/Versorgung", schreiben wir groß in die Mitte des Blattes. Jetzt überlegen wir uns drei bis fünf – nicht mehr! – Überschriften, die wir in Großbuchstaben mit unterschiedlichen Farben an die Hauptäste malen.

1. *Male die Überschriften an den Hauptästen farbig an.*
   Die Unteräste zu Kleidung, Nahrung und Wohnen gestalten wir dann ebenfalls mit unterschiedlichen Farben und Symbolen.
2. *Male die Unteräste farbig an.*
3. *Ergänze die Aufgaben an den Unterästen „Kleidung", „Nahrung" und „Wohnen".*

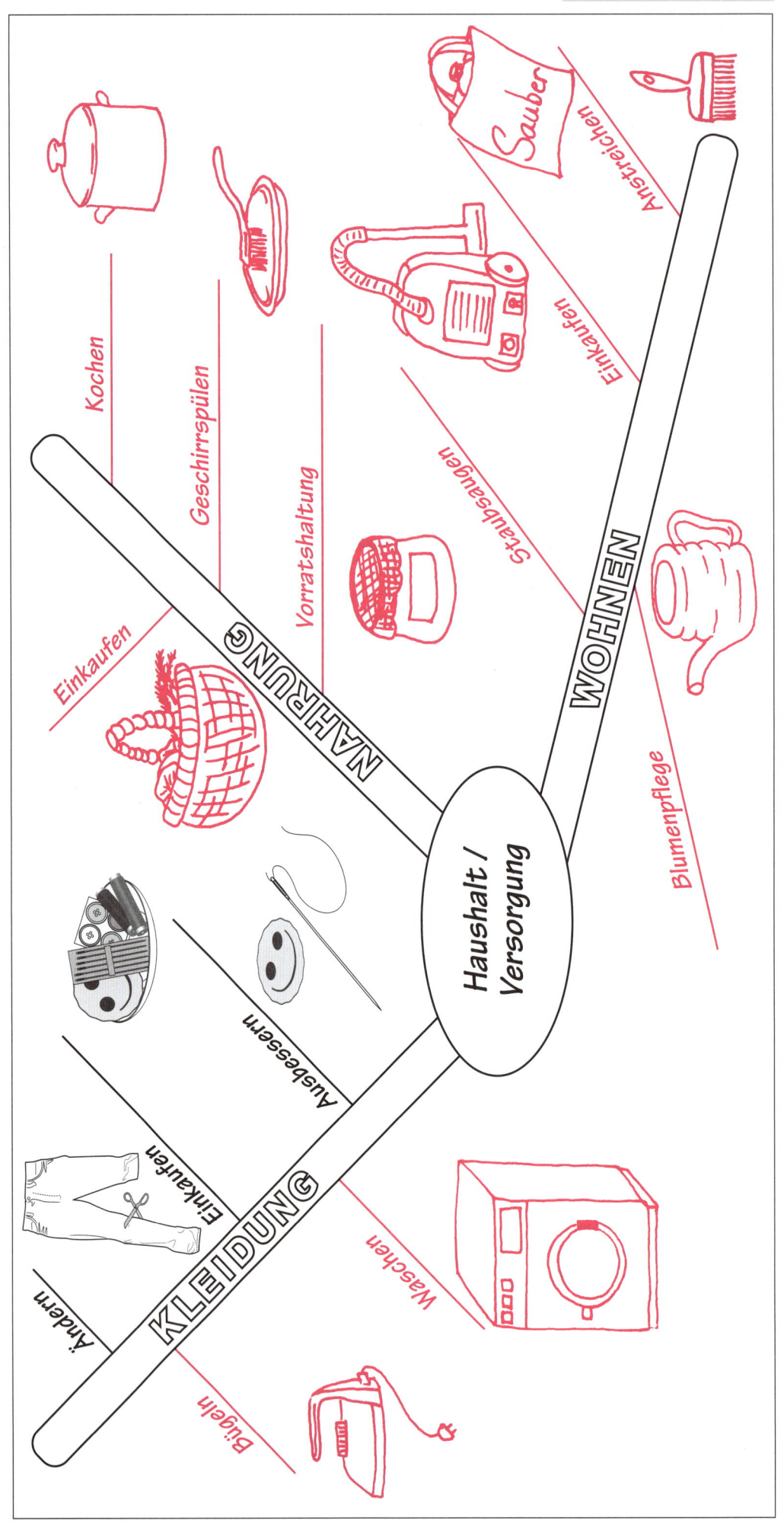

1.2 Das bisschen Haushalt

Kein ungewöhnlicher Tag bei Familie Hauser

Morgens kurz vor sechs Uhr

Frau Hauser steht auf, geht leise ins Bad und bereitet dann das Frühstück zu. Inzwischen ist auch Herr Hauser aufgestanden. Er kommt um 6.30 Uhr aus dem Bad, geht in die Küche, setzt sich an den Frühstückstisch und liest die Zeitung.
Frau Hauser weckt die beiden Kinder Marie und Stefan, deren Unterricht um 7.40 Uhr beginnt. Es ist bereits 6.45 Uhr, Frau Hauser frühstückt mit ihrem Mann. Marie und Stefan liegen immer noch in den Federn. Frau Hauser ruft sie bereits zum dritten Mal: „Aufstehen – ihr kommt sonst zu spät zur Schule." Endlich geht Marie ins Bad, Stefan folgt kurze Zeit später.
Schließlich erscheint Marie in der Küche und meckert über das Frühstück: „Schon wieder Erdbeerkonfitüre ..., ich habe keinen Hunger." Marie geht in ihr Zimmer, um ihre Schulsachen zu packen. Sie findet den Atlas nicht, ebenso fehlt ein Turnschuh.
Stefan schlingt das Frühstücksbrot herunter. Inzwischen ist es 7.10 Uhr. Marie und Stefan rennen zum Bus. Stefan weiß nicht, ob er alle Schulsachen eingepackt hat, er hatte keine Zeit nachzusehen.
Herr Hauser hat um 7.00 Uhr das Haus verlassen, um ins Büro zu gehen. Er wird um 17.00 Uhr zurückkommen. Frau Hauser verlässt um 7.15 Uhr das Haus. Sie arbeitet halbtags als Arzthelferin. Gegen 12.45 Uhr wird sie wieder zu Hause sein.
Zurück bleibt ein unordentlicher Frühstückstisch, ein übervoller Mülleimer, ein Badezimmer mit herumliegenden Handtüchern, Zahnbürsten usw. In Maries Zimmer sieht es chaotisch aus. Beim Suchen ihres Turnschuhs hat sie einiges aus den Schränken und Regalen auf den Fußboden geworfen. In Stefans Zimmer sieht es nicht viel besser aus. Kleidungsstücke liegen herum. Kein Bett ist gemacht.

Mittags um 12.45 Uhr

Nach einem anstrengenden Morgen in der Arztpraxis kommt Frau Hauser nach Hause. Was soll sie jetzt schnell kochen? Sie findet in den Vorräten nichts Geeignetes für das Mittagessen. So macht sie sich nochmals auf den Weg, um die notwendigen Lebensmittel für das Mittagessen zu kaufen. Um 13.15 Uhr kommt sie abgehetzt heim und beginnt mit der Zubereitung des Mittagessens.

Es ist 13.30 Uhr

Marie und Stefan kommen aus der Schule zurück. Sie murren, weil das Essen noch nicht fertig ist, und verziehen sich in ihre Zimmer. Stefan legt sich auf sein Bett und hört eine Kassette. Marie mag diese Musik nicht, die sie aufgrund der Lautstärke auch in ihrem Zimmer hört. Marie legt ebenfalls eine Kassette in den Rekorder und dreht voll auf, um Stefans Musik zu übertönen. Türen knallen.

Es ist 14.00 Uhr

Das Essen ist nun fertig. Frau Hauser, Marie und Stefan sitzen am Mittagstisch. Stefan erklärt, dass er heute um 16.00 Uhr ein Treffen mit seinem Freund in der Nachbarstadt vereinbart hat: „Da musst du mich hinfahren und abends wieder abholen", erwähnt er nebenbei.
Marie hat um 18.00 Uhr Tennisunterricht. Sie will ebenfalls von ihrer Mutter gefahren und nach einer Stunde wieder abgeholt werden.
Frau Hauser überlegt, wie sie das heute alles schaffen kann. Sie muss noch einkaufen, die Wohnung in Ordnung bringen, Wäsche waschen, bügeln, die Hausaufgaben nachsehen, ... und eigentlich wollte sie bei ihrer Freundin einen Krankenbesuch machen und abends mit ihrem Mann einen Vortrag besuchen. Ob daraus etwas wird?

Ist dies wirklich auch in Zukunft kein ungewöhnlicher Tag bei Familie Hauser?

1. Lies den Text und ermittle Aufgaben, die bei Familie Hauser erledigt werden müssen.

2. Welche Aufgaben kann a) Marie, b) Stefan, c) Herr Hauser, d) Frau Hauser übernehmen?

3. Erstelle auf Seite 4 einen Tagesplan für Familie Hauser. Beachte dabei Hausarbeiten und Freizeit.

1.3 Tagesplan für Familie Hauser

Uhrzeit	Marie	Stefan	Herr Hauser	Frau Hauser
bis 7⁴⁵				
12⁴⁵ bis 14⁰⁰				
14⁰⁰ bis 18⁰⁰				
ab 18⁰⁰				

2 Unfallgefahren – Schutzmaßnahmen

Datum:

In der abgebildeten Küche lauern viele Unfallgefahren, die durch einfache Maßnahmen oft verhindert werden können.

1. Liste die Unfallgefahren nach den angegebenen Nummern auf und schreibe daneben die Unfallschutzmaßnahmen.

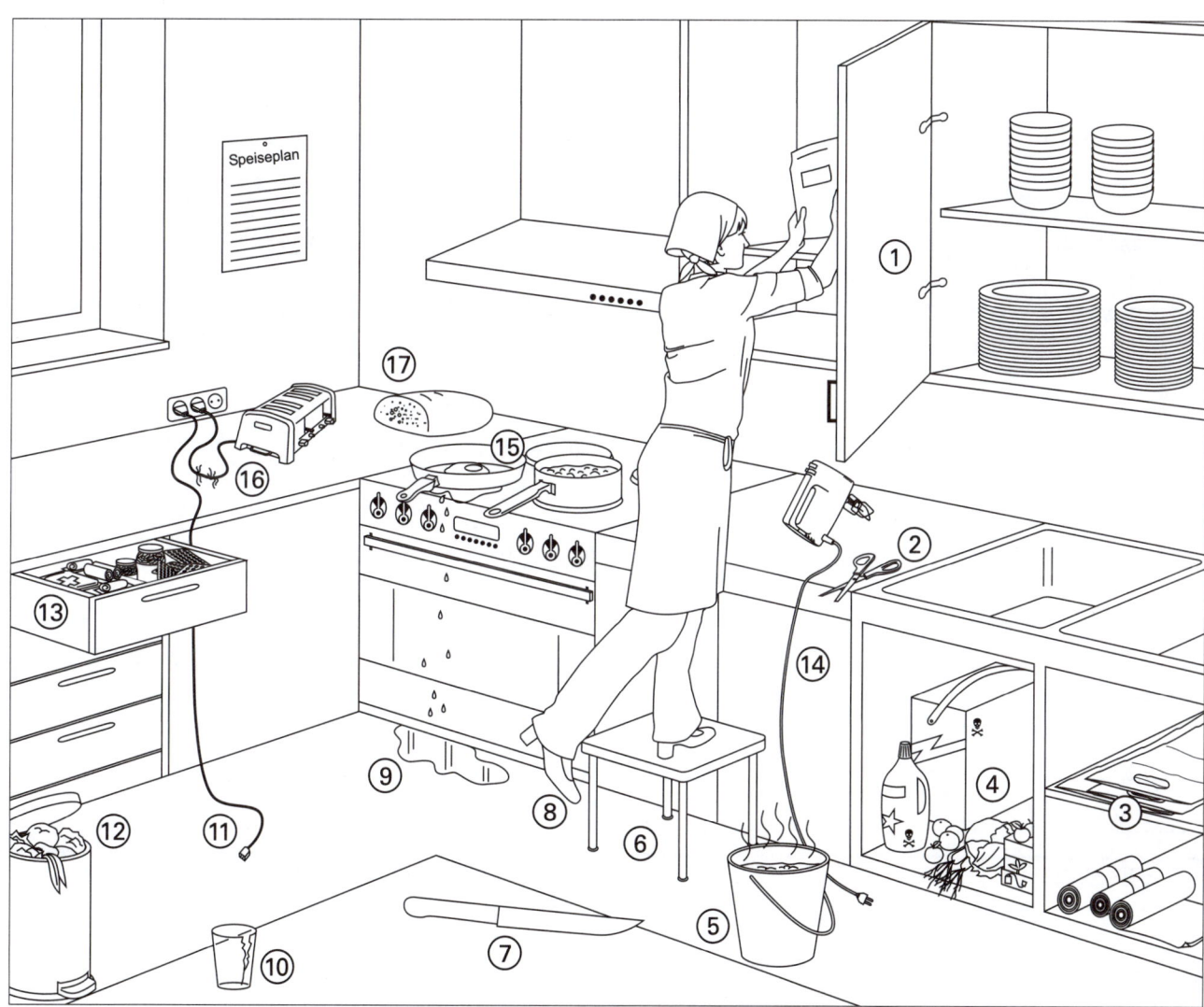

Unfallgefahren

① Offene Schranktür

② Herumliegende Schere

③ Leicht erreichbare Plastiktüten

④ Leicht erreichbare giftige Flüssigkeiten, Putzmittel

⑤ Heißes Wasser im Eimer

⑥ Hocker als Trittleiter

Unfallschutzmaßnahmen

① Die Türen sollen nach oben zu öffnen sein.

② Scheren nach dem Gebrauch ordentlich weglegen.

③ Nicht im Griffbereich von Kindern aufbewahren.

④ In gekennzeichneten Gefäßen sicher aufbewahren.

⑤ Nicht im Griffbereich von Kindern stehen lassen.

⑥ Vorschriftsmäßige Leiter mit Sicherheitsbügel usw. verwenden.

Datum:

Unfallgefahren	Unfallschutzmaßnahmen
⑦ Herumliegendes Messer	⑦ Schneidgeräte nicht herumliegen lassen.
⑧ Keine rutschfesten Schuhe	⑧ Auf richtige Arbeitskleidung, rutschfeste Schuhe achten.
⑨ Fett auf dem Fußboden	⑨ Verspritztes Fett sofort aufwischen.
⑩ Gesprungenes Glas	⑩ Beschädigtes Glas oder Porzellan wegwerfen.
⑪ Gerätestecker unter Strom	⑪ Anschlusskabel nach dem Gebrauch wegräumen.
⑫ Übervoller Mülleimer	⑫ Mülleimer oft leeren und gründlich reinigen.
⑬ Erreichbare Schublade mit Medikamenten	⑬ In der Hausapotheke aufbewahren.
⑭ Herabhängendes Kabel	⑭ Kabel nicht herunterhängen lassen.
⑮ In den Raum ragende Stiele von Töpfen und Pfannen	⑮ Hintere Kochstelle benutzen, evtl. Kindersicherung anbringen.
⑯ Defektes Kabel des Toasters	⑯ Keine Geräte mit beschädigtem Anschlusskabel benutzen.
⑰ Verschimmeltes Brot	⑰ Wegwerfen, Behälter gründlich reinigen.

2. Ergänze den folgenden Text.

Ein Notanruf muss folgende Informationen enthalten:

Wo geschah es? Unfallort, Straße/Hausnummer, Ortsbeschreibung.

Was geschah? Kurze Beschreibung des Unfallhergangs.

Wie viele Verletzte? Zahl der Verletzten.

Welche Art von Verletzungen? Besonders lebensbedrohliche Verletzungen nennen.

Warten auf Rückfragen. Gegebenenfalls Namen und Telefonnummer für Rückrufe nennen.

3. Notiere wichtige Notanschriften und Telefonnummern:

Notruf: 110   Feuerwehr: 112

Unfallkrankenhaus:

3 Hygiene
3.1 Lebensmittelhygiene

1. Vergleiche die Abbildungen.
2. Schreibe jeweils daneben, wie man es richtig macht.

① Fleisch nur mit sauberem Messer auf einem Brett ohne Risse usw. schneiden. Geräte nach dem Gebrauch gründlich abwaschen.

② Obst und Gemüse vor der Verarbeitung gründlich waschen. Danach evtl. schälen.

③ Speisen nie an einem warmen Platz stehen lassen oder länger warm halten. Speisereste abdecken und kühl aufbewahren.

④ Speisen nur mit sauberem Löffel probieren.

⑤ Besonders Geflügel in einem Gefäß auftauen lassen. Die Auftauflüssigkeit nicht mit anderen Lebensmitteln in Berührung bringen.

3.2 Salmonellose – Lebensmittelinfektion

Datum:

1. Ergänze zunächst den folgenden Lückentext.

Hähnchen vor dem Garen im <u>Kühlschrank</u> auftauen lassen. Die Auftauflüssigkeit in einem <u>Gefäß</u> auffangen, <u>sorgfältig</u> beseitigen. Das Gefäß sorgfältig reinigen.

Bei einer Salmonellose können sich <u>Salmonellen</u> im <u>Darm</u> ansiedeln.

Die Salmonellen werden mit dem Stuhl <u>ausgeschieden</u>. Betroffene Personen können andere Menschen <u>anstecken</u>, ohne selbst <u>Krankheitssymptome</u> zu zeigen.

Nach jeder <u>Toilettenbenutzung</u> die Hände waschen.

Geräte, die mit Fleisch in Berührung kamen, z. B. Abtropffläche, <u>gründlich reinigen</u>.

Speisen nicht <u>längere Zeit</u> warm halten.

Bei Speisen mit rohen Eiern nur Eier verwenden, die nicht älter <u>als fünf Tage</u> – Legedatum – sind.

2. Lies die Fallbeispiele.
Nenne mögliche Gründe für die Erkrankungen.

Fallbeispiel 1: In einer Kantine soll es Hähnchen geben. Die tiefgekühlten Hähnchen werden über Nacht auf der Abtropffläche der Spüle aufgetaut. Am nächsten Morgen werden die Hähnchen gegart. Die Abtropffläche wird kurz abgewischt. Danach werden die gekochten Kartoffeln zum schnelleren Abkühlen auf die Abtropffläche der Spüle geschüttet. Die Kartoffeln sollen bald zu einem Kartoffelsalat für den nächsten Tag verarbeitet werden. Am nächsten Tag erkranken die Kantinenbesucher, die von dem Kartoffelsalat aßen.

In den Hähnchen befanden sich Salmonellen, die mit der Auftauflüssigkeit auf die Abtropffläche der Spüle gelangten. Die Kartoffeln wurden mit Salmonellen infiziert und konnten sich in dem Kartoffelsalat vermehren. Die Kantinenbesucher erkrankten an einer Salmonellose.

Fallbeispiel 2: Herr K. ist als Hauswirtschaftshelfer in einem Hotel tätig. Er hat gerade einen dreiwöchigen Urlaub in Spanien verbracht. In der ersten Woche hatte er unter einer schweren Darmerkrankung gelitten, inzwischen hat er sich davon gut erholt. Gemeinsam mit der Köchin stellt er für einen Empfang am Abend Platten mit belegten Schnittchen her. Am nächsten Tag erkranken viele Gäste, sie haben Durchfall bzw. müssen sich erbrechen.

Herr K. hatte während seines Urlaubs in Spanien eine Salmonellose – Durchfallerkrankung. Die Salmonellen siedelten sich dabei in seinem Darm an. Er scheidet nun Salmonellen aus. Nach dem Toilettenbesuch hat er sich evtl. nicht die Hände gewaschen. Die Schnittchen wurden durch Herrn K. infiziert.

4 Arbeitsplanung – Arbeitsorganisation
4.1 Arbeitshaltung

Datum:

1. Betrachte die Abbildungen. Was wird hier falsch gemacht?
2. Schreibe jeweils neben die Abbildung, wie man es richtig macht.

① Rohr des Staubsaugers auf die richtige Länge einstellen, so kann in aufrechter Haltung gearbeitet werden.

② Kuchenteig im Stehen ausrollen. Für diese Arbeit werden Kraft und Platz benötigt.

③ Kartoffeln im Sitzen schälen. Für diese Arbeit werden wenig Kraft und Platz benötigt.

④ Nicht im Knien aufwischen. Ein Schrubber ermöglicht eine aufrechte Haltung.

⑤ Zum Aufkehren des Schmutzes in die Hocke gehen, so wird die Rückenmuskulatur entlastet.

⑥ Von rechts nach links abwaschen, so können die Hände kreuzungsfrei arbeiten.

3. Ergänze den folgenden Text:

Arbeiten, die wenig Kraft und Platz erfordern, werden im _Sitzen_ ausgeführt. Große Wäschestücke werden im _Stehen_ gebügelt. Arbeiten möglichst nicht in _gebückter_ Haltung ausführen.

Der Besenstiel z. B. sollte der arbeitenden Person bis zum Kinn reichen. Ist der _Besenstiel_ nicht lang genug, so kann man nur in _gebückter_ Haltung arbeiten.

4.2 Wir beurteilen die Arbeit von Marie und Stephan

Datum:

1. Beurteile die Arbeitsreihenfolge.
Vor Arbeitsbeginn waschen sich Marie und Stephan zunächst gründlich die Hände. Marie beginnt die Speisenzubereitung mit dem Waschen des Kopfsalats. Stephan beginnt mit der Zubereitung der Hackfleischsoße. Danach setzen beide gemeinsam das Wasser für die Spaghetti auf. Sie haben diese Reihenfolge gewählt, da sie die Spaghetti bissfest lieben. Die Herdplatte schalten sie dabei auf 9, da es nun schnell gehen soll.

Der Kopfsalat sollte zum Schluss zubereitet werden.

Zunächst sollte das Wasser für die Spaghetti aufgesetzt werden,

damit alle Speisen gleichzeitig fertig werden.

2. Beurteile die rationelle Arbeitsweise.
Marie nutzt die Wartezeit für das Decken des Tisches. Stephan dagegen beginnt während der Wartezeit mit dem Abwasch und trocknet das Geschirr ordentlich ab.

Marie und Stephan arbeiten rationell, beide nutzen die Wartezeiten.

3. Beurteile die Arbeitstechniken.
Stephan schält die Gelbe Rübe für die Hackfleischsoße über dem Abfalleimer und nimmt dann für das Würfeln der Möhre das Gemüsemesser: Marie hat beim Schälen des Obstes den Teller für die Obstschalen links neben dem Schneidebrett stehen, da sie Linkshänderin ist.

Stephan hat keinen Arbeitsplatz für das Schälen der Gelben Rübe eingerichtet,

er arbeitet unhygienisch.

Für das Würfeln sollte Stephan ein Küchenmesser benutzen.

Marie hat ihren Arbeitsplatz für den Obstsalat richtig eingerichtet.

4. Beurteile das Servieren.
Marie deckt den Tisch für jede Person jeweils mit einem Suppenteller, einem Messer und einer Gabel, einem Teelöffel und einem Wasserglas. Den Tellerservice führt Stephan von links durch.

Ein Messer wird für die Speisenfolge nicht benötigt, ggf. einen Suppenlöffel eindecken.

Spaghetti können auch von einem Suppenteller gegessen werden.

Speisen auf Tellern werden von rechts eingesetzt.

5. Beurteile das Arbeitsergebnis.
Die Mitschülerinnen und Mitschüler sind der Meinung, dass die Spaghetti weder zu fest noch zu weich sind. Die Hackfleischsoße finden einige Mitschüler zu fade. Die Möhrenwürfel sind groß geraten. Der Obstsalat ist einigen Mitschülerinnen dagegen zu süß. Beim Obstsalat hat Marie es mit ihren Mitschülerinnen und Mitschülern sehr gut gemeint, sie hat die Schälchen bis zum Rand gefüllt. Garniert hat sie den Obstsalat mit Sahne. Die Hackfleischsoße und die Spaghetti wurden im vorgewärmten Serviergeschirr angerichtet.

Lieber die Speisen zu fade servieren als zu süß, es kann nachgewürzt werden.

Die Schälchen sollen nur dreiviertel voll sein.

Die Verwendung von vorgewärmtem Serviergeschirr ist richtig.

4.3 Das Mittagessen ist nicht rechtzeitig fertig

Datum:

Wir erstellen einen besseren Zeitplan für die Zubereitung des Mittagessens.

Heute gibt es Möhren-Rindfleisch-Eintopf, Quarkspeise mit frischen Erdbeeren.

1. **Schneide die Bilder aus. – Ordne die Bilder so an, dass ein besserer Zeitplan entsteht.**
2. **Klebe die Bilder in dieser Reihenfolge in dein Heft.**

Die Gesamtarbeitszeit für die Zubereitung des Mittagessens beträgt nun etwa __115 (ca. 2 h)__ Minuten.

IV ①

VI ②

V ③

II ④

I ⑤

VIII ⑥

III ⑦

VII ⑧

IX ⑨

X ⑩

(Die richtige Reihenfolge der Abbildungen wurde in römischen Ziffern angegeben)

5 Grundwissen Nahrungszubereitung
5.1 Grundtechniken der Nahrungszubereitung: Möhren-Apfel-Rohkost

Datum:

je 2 EL Zitronensaft, Öl, Wasser
300 g Möhren, 200 g Äpfel
Salz, Zucker

1. Beschrifte die Tätigkeiten auf den einzelnen Abbildungen.
   Welche Vorbereitungsarbeiten werden hier durchgeführt? Welche Geräte können hier eingesetzt werden?
2. Unterstreiche die Bezeichnungen für die Vorbereitungsarbeiten rot, die Namen für die Geräte blau.
3. Male die Abbildungen nach deinen Vorstellungen aus.

① Zitronensaft, Öl und Wasser mischen.

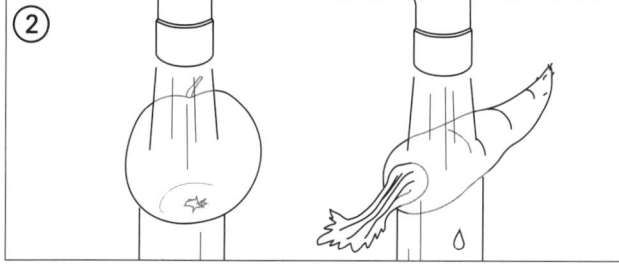

② Äpfel und Möhren gründlich waschen.

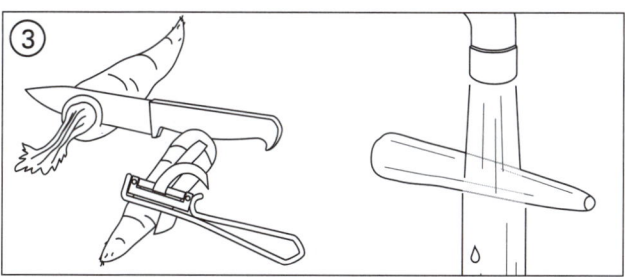

③ Möhren mit einem *Küchenmesser* putzen und mit einem *Sparschäler* schälen, nochmals waschen.

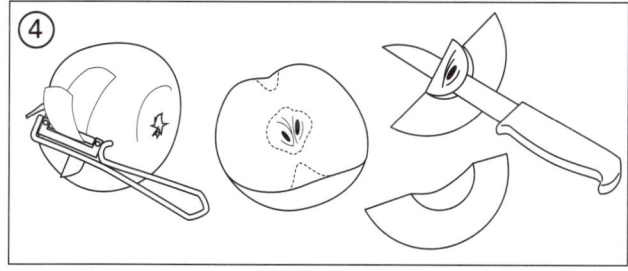

④ Äpfel mit dem *Sparschäler* schälen und mit dem *Küchenmesser* putzen.

⑤ Äpfel mit einer *Handreibe* oder mit einer *Küchenmaschine* raspeln. Sofort in die Marinade geben.

⑥ Möhren mit einer *Handreibe* oder mit einem *Alleszerkleinerer* reiben bzw. zerkleinern.

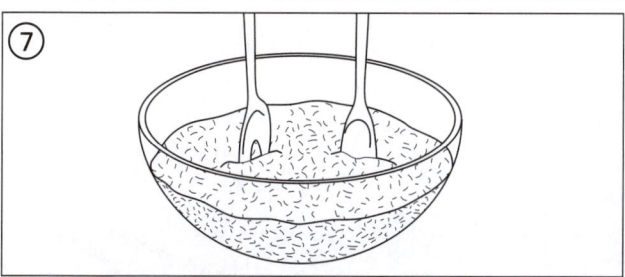

⑦ Äpfel und Möhren mit der Marinade mischen.

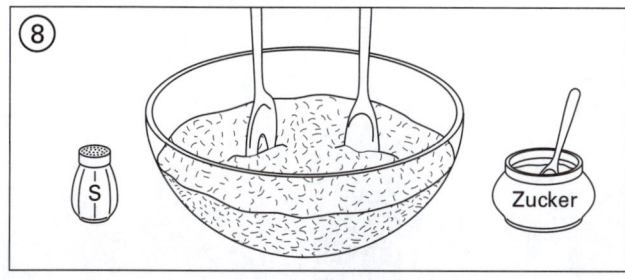

⑧ Rohkost mit Zucker und Salz abschmecken.

5.2 Maße und Gewichte

Datum:

Wir rechnen um.

Rechne jeweils um und kennzeichne die ermittelte Menge mit Blau auf Messbecher und Waage.

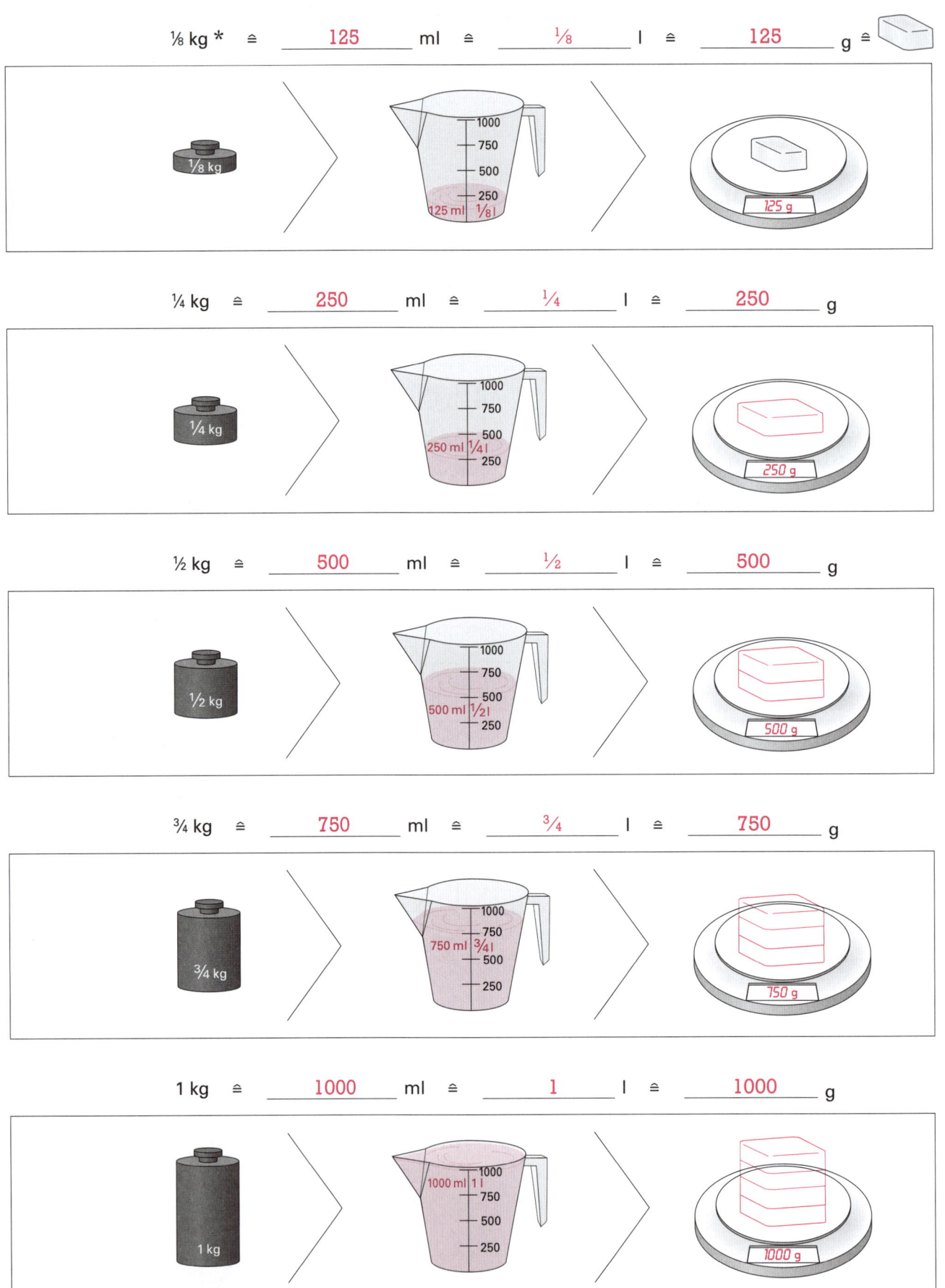

* (Die Umrechnung gilt exakt nur für Wasser)

5.3 Geräte zum Vorbereiten von Lebensmitteln

Datum:

1. Wie heißen die abgebildeten Geräte? Schreibe die Bezeichnungen hinter die jeweiligen Nummern.
2. Notiere Speisen bzw. Lebensmittel, bei deren Verarbeitung diese Geräte eingesetzt werden.

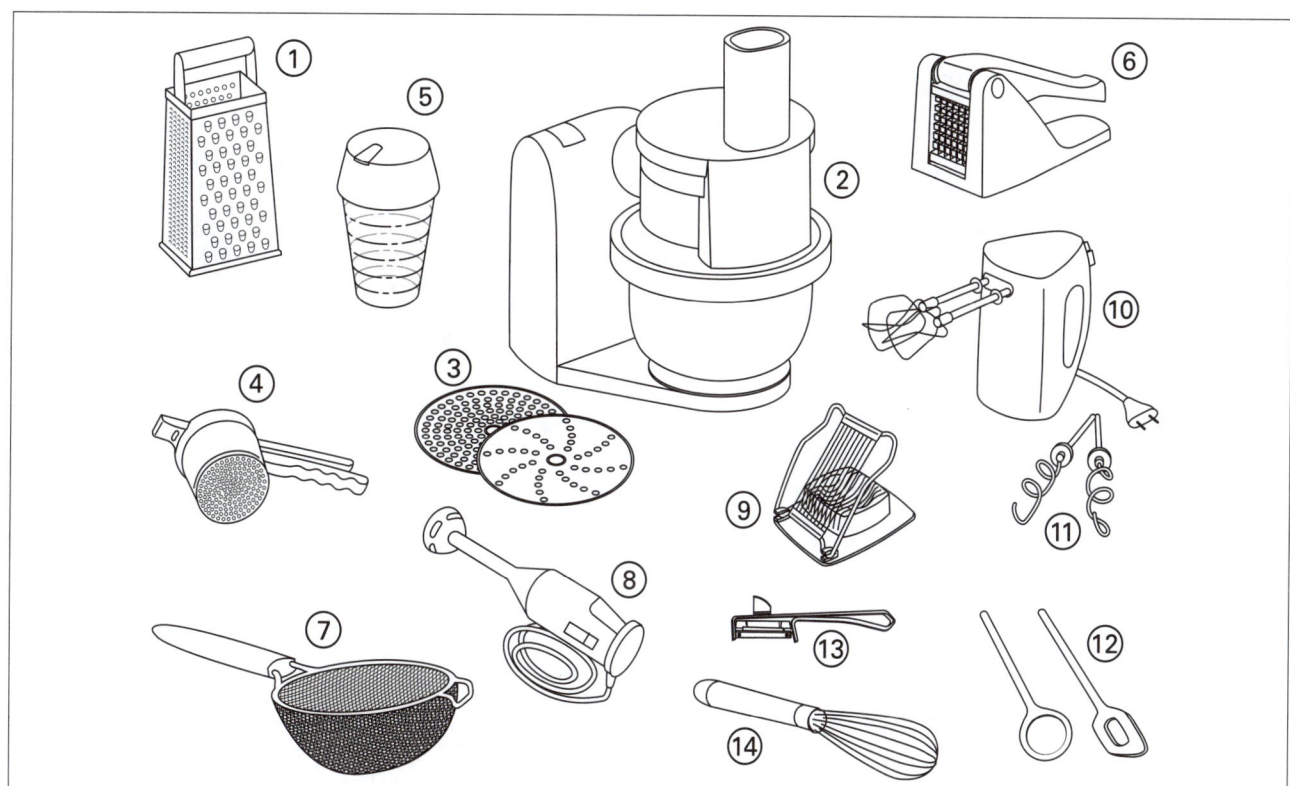

Geräte	Lebensmittel/Speisen
① Kastenreibe	Käse, Gelbe Rüben, Äpfel
② Küchenmaschine	Teigherstellung
③ Zerkleinerungsscheiben	Gemüse, Obst
④ Kartoffelpresse	Kartoffelbrei
⑤ Schüttelbecher	Stärke mit Wasser mischen
⑥ Pommes-frites-Schneider	Pommes frites
⑦ Sieb	Apfelmus, abtropfen lassen
⑧ Pürierstab	Milchshakes, Gemüse
⑨ Eierschneider	Eierscheiben
⑩ Handrührgerät	Herstellung von Massen, Sahne schlagen
⑪ Knethaken	Teigherstellung
⑫ Rührlöffel	Suppen, Soßen
⑬ Sparschäler	Kartoffeln, Spargel
⑭ Schneebesen	Eischnee, Biskuitmasse

5.4 Vorbereitungsarbeiten und Aufbereitungsarten – Kreuzworträtsel

Datum:

Welche Vorbereitungsarbeiten bzw. Aufbereitungsarten werden hier beschrieben?

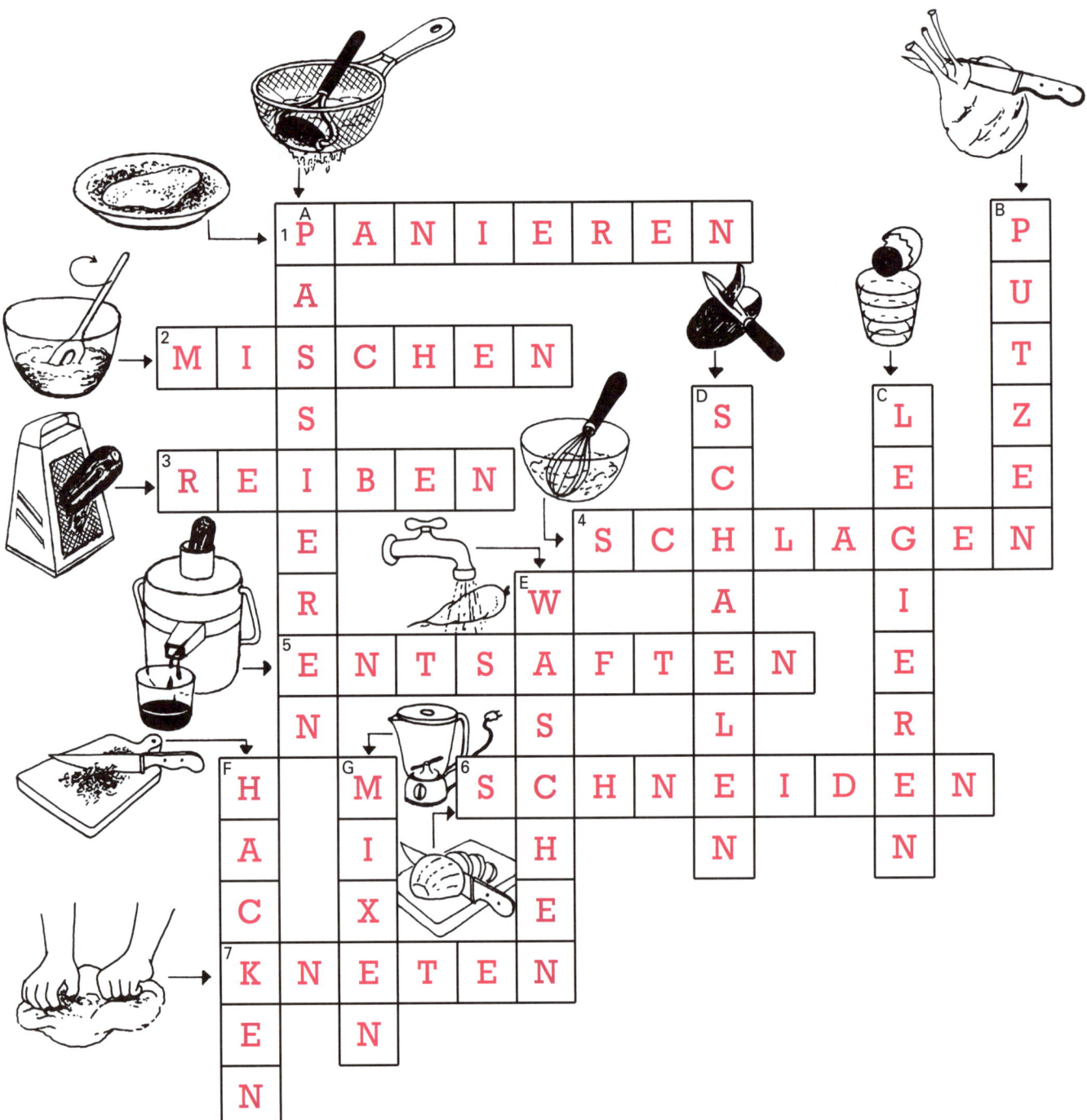

Waagerecht

1 Lebensmittel einkrusten
2 … zu einer einheitlichen flüssigen, breiartigen oder trockenen Masse
3 Zerkleinern in kleinste Stücke auf einer fein aufgerauten Fläche
4 Luft in flüssige Lebensmittel bzw. Speisen einarbeiten
5 Obst oder Gemüse die Flüssigkeit entziehen
6 Lebensmittel in Stücke, Würfel, Scheiben usw. zerkleinern
7 Mischen zu einer einheitlichen festeren Masse

Senkrecht

A Durchstreichen von weichen Lebensmitteln durch ein Sieb
B Entfernen wertloser Bestandteile
C Abziehen von Speisen mit Eigelb
D Entfernen von feinhäutigen Schalen
E Entfernen von Schmutzstoffen
F Zerkleinern von Lebensmitteln in feinste Stücke durch Zerschneiden
G Mischen, evtl. gleichzeitiges Zerkleinern durch ein rotierendes Messerkreuz

5.5 Gartechniken – Memo

Datum:

1. Schneidet die Memokarten aus und klebt sie auf Karton.
2. Sortiert die Memokarten. Welche Gartechnik eignet sich für die Lebensmittel?
   Backen?, Kochen? usw. Bedenkt, dass alle Lebensmittel gegart werden sollen.
3. Nun geht es ans Spiel, jeweils 4 bis 6 Schüler spielen in einer Gruppe.
   D. h., die Spieler einer Gruppe dürfen sich beraten, welche Karte sie aufnehmen wollen.
   Findet eine Gruppe zwei zusammengehörige Karten, so darf sie diese aufnehmen.
   Die Gruppe darf die Karten aber nur behalten, wenn sie das Garen des Lebensmittels beschreiben kann.
4. Sucht zu jeder Gartechnik jeweils ein weiteres Lebensmittel, schreibt diese auf Karten. Spielt erneut.
5. Übertragt die Gartechniken und die Lebensmittel geordnet in euer Heft.

1 Backen	2 Kochen	6 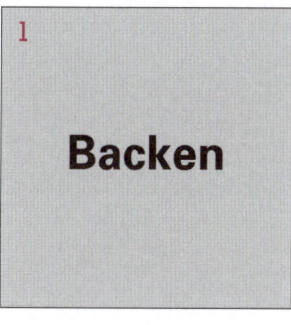	5 
3 Dünsten	4 Grillen	8 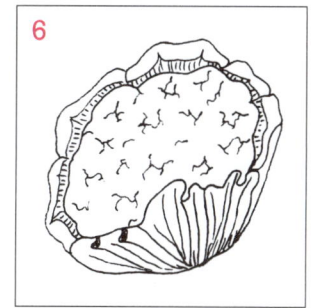	9 
5 Frittieren	6 Dämpfen	7 	3 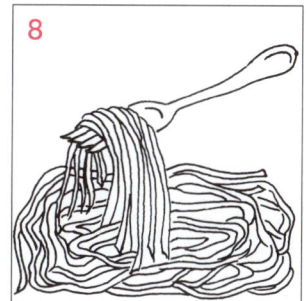
7 Schmoren	8 Garziehen	4 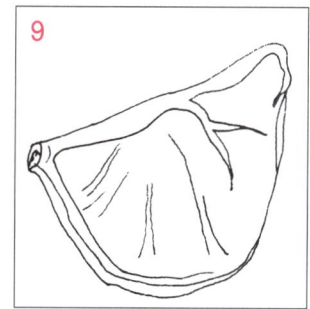	1 
9 Braten	10 Mikrowelle	2 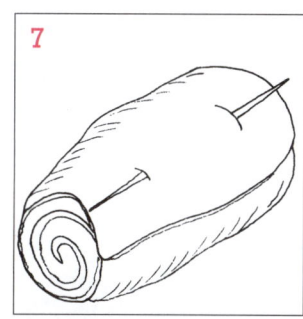	10 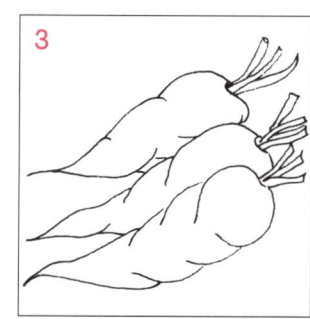

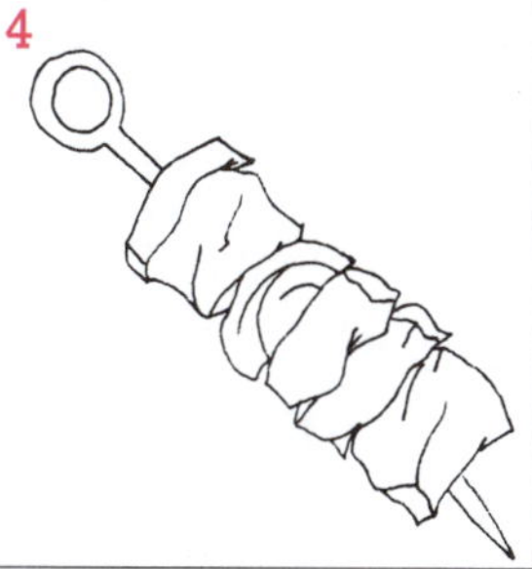

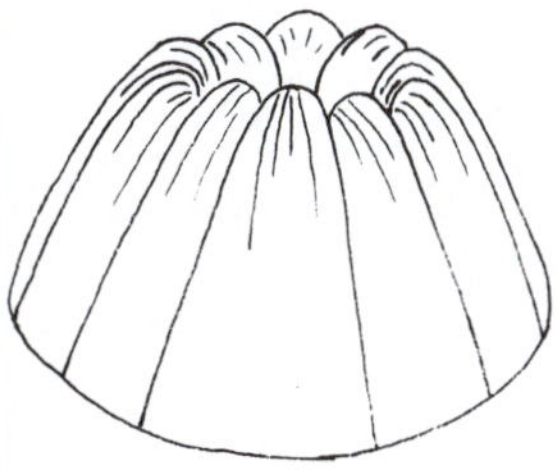

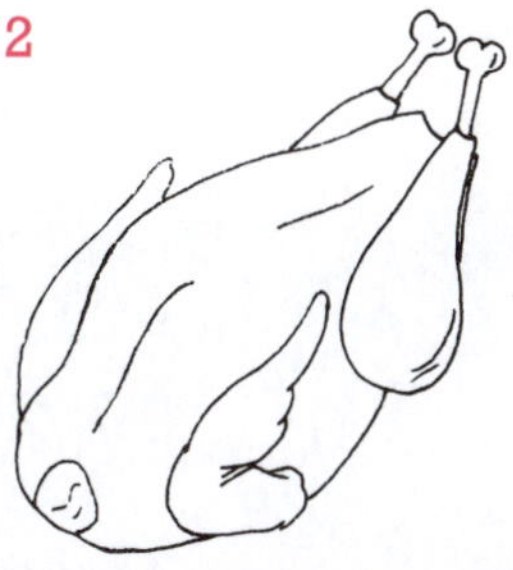

Grundwissen Nahrungszubereitung

5.6 Gartechniken – Kreuzworträtsel

Wir überprüfen unser Wissen.

Welche Gartechniken werden hier beschrieben?

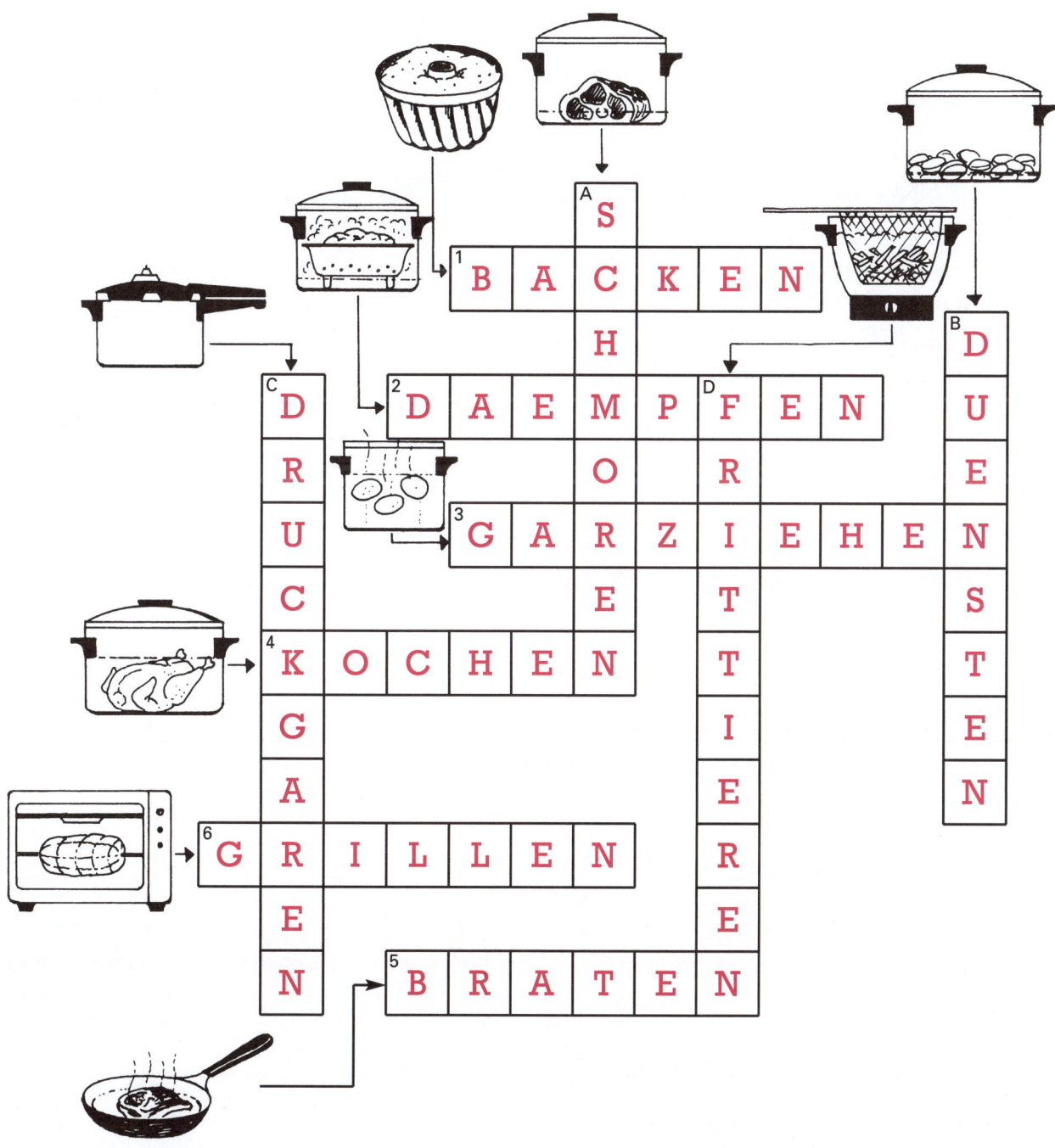

Waagerecht

1. Garen und Bräunen in heißer Luft
2. Garen im Wasserdampf
3. Garen in viel Flüssigkeit bei etwa 85 °C
4. Garen in viel siedender Flüssigkeit
5. Garen und Bräunen in heißem Fett
6. Garen durch Strahlungshitze mit oder ohne Fettzugabe

Senkrecht

A. Garen durch Anbraten in heißem, reinem Fett und Weitergaren nach Zugabe von wenig kochender Flüssigkeit
B. Garen im eigenen Saft, evtl. unter Zugabe von wenig Fett und Wasser
C. Garen unter Druck bei einer Temperatur von 115 °C
D. Garen im heißen, reinen Fettbad

5.7 Wie verarbeiten wir Kartoffeln richtig? – Kopfstandmethode

Datum:

Tina hat aufgelistet, was man bei der Verarbeitung von Kartoffeln alles falsch machen kann. Natürlich stehen die Arbeitsschritte in ungeordneter Reihenfolge, wie sie ihr gerade eingefallen sind.

1. Lies die verschiedenen Arbeitsschritte.
2. Stelle die Aussagen „auf den Kopf".
3. Bringe die Arbeitsschritte in die richtige Reihenfolge.

a) Kartoffeln möglichst dick mit einem großen Küchenmesser schälen.

b) Kartoffeln mit viel Wasser garen.

c) Kartoffeln lange in warmem Wasser waschen.

d) 500 g Kartoffeln im großen Topf ohne Deckel garen.

e) Für Kartoffelsalat mehligkochende Kartoffeln einkaufen.

f) Möglichst Salzkartoffeln zubereiten, sie sind vitamin- und mineralstoffreicher.

g) Kartoffeln möglichst früh schälen, damit sie lange im Wasser liegen.

h) Kartoffeln immer warm halten, bis die letzte Person gegessen hat.

i) Für Kartoffelbrei festkochende Kartoffeln auswählen.

j) Bratkartoffeln sind aufgrund des geringen Stärkeanteils fettärmer.

1. (e) Für Kartoffelsalat festkochende Kartoffeln auswählen.

2. (i) Für Kartoffelbrei mehligkochende Kartoffeln auswählen.

3. (f) Möglichst Pellkartoffeln zubereiten, sie sind vitamin- und mineralstoffreicher.

4. (j) Bratkartoffeln sind aufgrund des höheren Fettgehaltes fettreicher.

5. (g) Kartoffeln möglichst kurz vor dem Garen schälen, damit sie nicht so lange im Wasser liegen.

6. (a) Kartoffeln möglichst dünn mit einem Sparschäler schälen.

7. (c) Kartoffeln kurz in kaltem Wasser waschen.

8. (b) Kartoffeln mit wenig Wasser garen.

9. (d) Kartoffeln in einem passenden Topf mit gut schließendem Deckel garen.

10. (h) Kartoffeln schnell abkühlen. Portionsweise wieder aufwärmen.

5.8 Wie erstellen wir einen guten Arbeitsplan? – Kopfstandmethode

Datum:

Markus hat aufgelistet, was man bei der Arbeitsplanung für das Menü „Putengeschnetzeltes, Kartoffelbrei und Kopfsalat" alles falsch machen kann – er hat alles auf den Kopf gestellt.
Natürlich stehen die Arbeitsschritte in ungeordneter Reihenfolge – so wie sie ihm gerade eingefallen sind.

1. Lies die verschiedenen Arbeitsschritte.
2. Stelle die „auf den Kopf" gestellten Aussagen richtig.
3. Bringe die Arbeitsschritte in die richtige Reihenfolge.

(a) Wartezeit, während die Kartoffeln garen, zum Telefonieren nutzen.

(b) Dann Kartoffelbrei aus Salzkartoffeln herstellen und warm stellen.

(c) Putenfleisch ungewaschen im Ganzen anbraten und anschließend in Streifen schneiden.

(d) Rezepte nach der Speisenzubereitung zur Kontrolle lesen und feststellen, ob alles richtig gemacht wurde.

(e) Folgenden generellen Arbeitsablauf beachten: Nacharbeiten, Hauptarbeiten und Vorbereiten.

(f) Kopfsalat als Erstes zubereiten, damit er lange unabgedeckt in der Marinade durchziehen kann.

(g) Alle Zutaten erst dann holen, wenn sie wirklich benötigt werden.

(h) Zerkleinerte Salatblätter gründlich unter fließendem warmen Wasser säubern.

(i) Mit Speisen, die die kürzeste Garzeit haben, beginnen, damit die Speisen nicht gleichzeitig fertig werden.

(j) Beachten, dass Rechtshänder von links nach rechts arbeiten.

1. (d) Zuerst die Rezepte genau durchlesen, um Informationen für die Zubereitung zu haben.

2. (e) Folgenden generellen Arbeitsablauf beachten: Vorbereiten, Hauptarbeiten, Nacharbeiten.

3. (g) Dann den Arbeitsplatz vorbereiten und alle Zutaten bereitstellen.

4. (j) Arbeitsplatz so einrichten, dass Rechtshänder kreuzungsfrei von rechts nach links arbeiten.

5. (i) Mit der Speise mit der längsten Garzeit beginnen, damit alle Speisen gleichzeitig fertig werden.

6. (c) Putenfleisch waschen, abtupfen, in Streifen schneiden und dann anbraten.

7. (b) Kartoffelbrei aus Pellkartoffeln herstellen und sofort servieren.

8. (a) Wartezeit, während die Kartoffeln garen, zum Tischdecken nutzen.

9. (h) Salatblätter unzerkleinert kurz in stehendem kalten Wasser waschen.

10. (f) Kopfsalat als Letztes zubereiten, damit die Marinade nicht wässerig wird und der Salat frisch serviert wird.

5.9 Obst und Gemüse – das ganze Jahr frisch aus dem Gefrierschrank

Datum:

Erdbeeren sollen eingefroren werden.

1. *Beschreibe die einzelnen Arbeitsschritte mithilfe der Abbildungen.*
2. *Gib jeweils eine kurze Begründung.*

① Nur frische Lebensmittel verwenden.

Begründung: So ist frische Qualität garantiert.

② Möglichst ohne Zuckerzusatz einfrieren.

Begründung: Die Lagerzeit ist sonst verkürzt.

③ Wasserreiche Lebensmittel erst einzeln auf einem Tablett schockgefrieren.

Begründung: Die Erdbeeren sind nach dem Auftauen fester.

④ Auf einwandfreie, möglichst luftdichte Verpackung achten, z.B. Kunststoff.

Begründung: Sonst kommt es zum Austrocknen.

⑤ Auf der Verpackung Inhalt und Verpackungsdatum angeben.

Begründung: Der Bestand ist so leichter zu kontrollieren, keine Überlagerungen.

5.10 Umweltschutz – Wasser und Energie sparen

1. Was wird hier falsch gemacht?
2. Beschreibe, wie man es richtig macht.

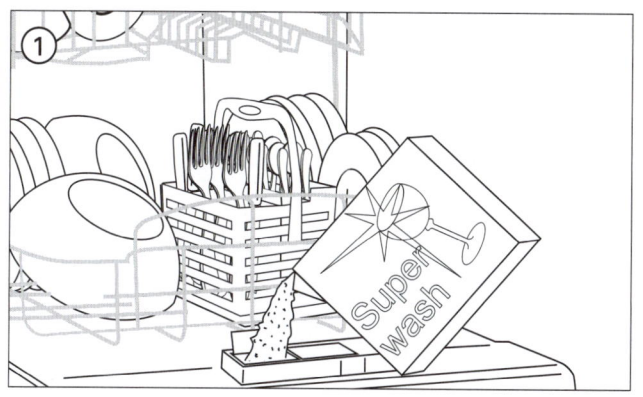

① Reinigungsmittel genau dosieren – sparsam verwenden.

④ Speisereste und Abfälle gehören nicht in das Abwasser – die Toilette.

② Generell im geschlossenen Topf garen.

⑤ Speisen nur abgekühlt in Kühlgeräte oder Gefriergeräte geben.

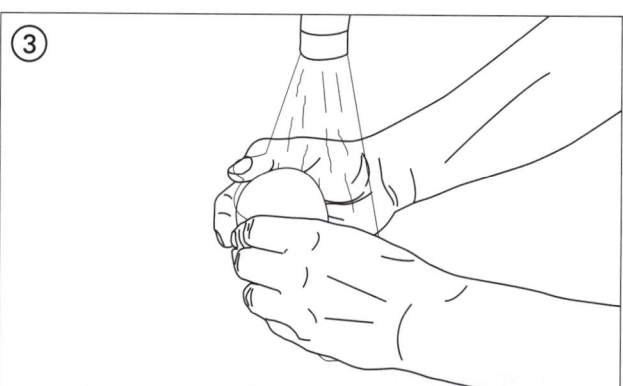

③ Lebensmittel möglichst in stehendem Wasser, nicht unter laufendem Wasserhahn waschen.

⑥ Auf die richtige Topfgröße achten, bei zu kleinen Töpfen geht Energie verloren.

5.11 Energiesparen – Dampfdrucktopf

Beschreibe mithilfe der Fotos:
Was muss ich beim Einsatz des Dampfdrucktopfes beachten?

Vorbereiten: Flüssigkeitszugabe ist für die Dampfentwicklung notwendig.

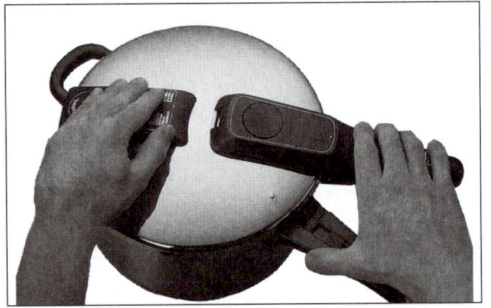

Schließen: Gummiring richtig in den Deckel legen.

Deckel nach links drehen, bis die Verriegelung hörbar einrastet.

Ankochen – Fortkochen: Während des Ankochens ist der Druckanzeiger nicht sichtbar.

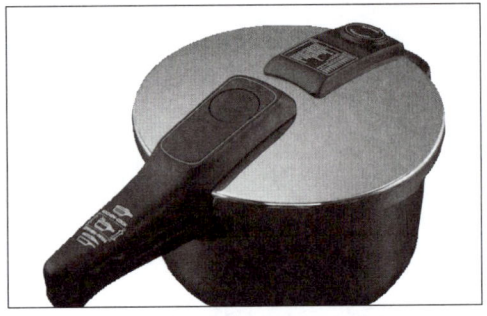

Garstufe I: Ein Ring ist sichtbar.

Im Dampfdrucktopf herrschen ein Druck von ca. 1,5 bar und eine Temperatur von ca. 110 °C.

Bei Garstufe I werden folgende Lebensmittel gegart:

Fisch, empfindliches Obst und Gemüse.

Garstufe II: Zwei Ringe sind sichtbar.

Im Dampfdrucktopf herrschen ein Druck von 2,0 bar und eine Temperatur von ca. 120 °C.

Bei Garstufe II werden folgende Lebensmittel gegart:

Fleisch, Eintöpfe, Kartoffeln.

Öffnen: Dampf durch Öffnen des Abdampfreglers entweichen lassen.

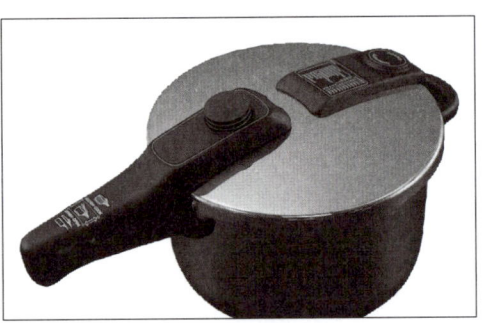

Der Druckanzeiger muss vollständig verschwunden sein, bevor der Topf geöffnet werden darf.

Beim Öffnen Abdampfregler zurückziehen, Topfdeckel nach rechts drehen.

Vorteile des Dampfdrucktopfes:

kürzere Garzeiten durch höhere Temperaturen.

Es werden Zeit und Energie gespart.

6 Textilpflege
6.1 Kennzeichnung und Pflege von Textilien – Memo

Datum:

1. Schneide die Memokarten aus, klebe sie auf Karton und gestalte sie farbig.
2. Sortiere die Memokarten: Zu allen Textilien gehört eine Karte mit Pflegesymbolen.
3. Ergänze auf zwei Karten die fehlenden Pflegesymbole.
4. Sortiere die Karten mit den Textilien nach Waschverfahren, z. B. Handwäsche.
5. Nun geht es ans Spiel, jeweils 4 bis 6 Schülerinnen und Schüler spielen in einer Gruppe.
   D. h., die Spielerinnen und Spieler einer Gruppe dürfen sich beraten,
   welche Memokarte sie aufnehmen wollen.
   Findet eine Gruppe zwei zusammengehörende Karten, so darf sie diese aufnehmen.
   Die Gruppe darf die Memokarten aber nur behalten, wenn sie das Waschen,
   Trocknen und Bügeln der Textilien richtig beschreiben kann.
6. Suche für jedes Waschverfahren weitere Textilien, schreibe diese auf Karten. Spiele erneut.
7. Übertrage die Textilien geordnet nach Waschverfahren in dein Heft.

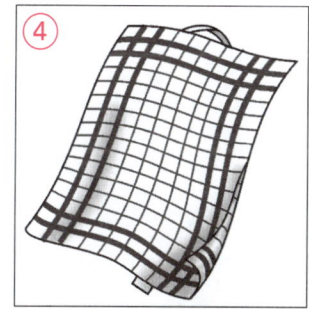
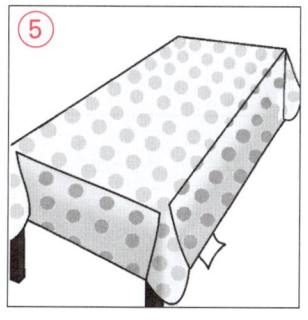

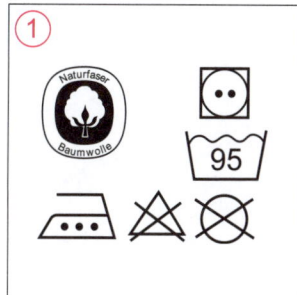
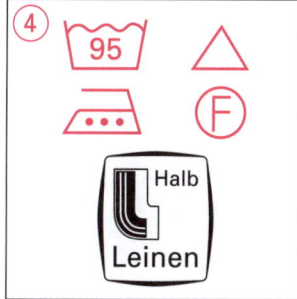

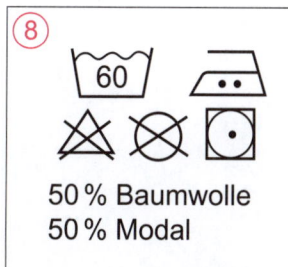
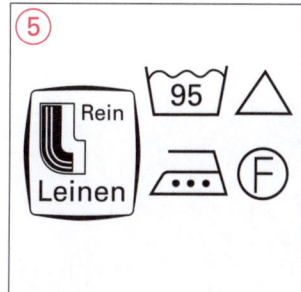

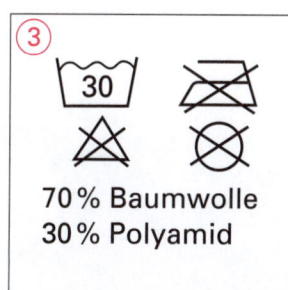

6.2 Vorbereiten der Schmutzwäsche

Datum:

1. Ergänze zunächst die genannten Regeln für die Vorbereitung von Schmutzwäsche. Verwende dabei die unten aufgeführten Begriffe.
2. Begründe die verschiedenen Regeln.

- Taschen __entleeren__ und ausbürsten und evtl. umdrehen.

  So werden z.B. Papiertaschentücher, Schmutz und Münzen entfernt.

- Ärmel, Hosenbeine usw. __entrollen__ .

  Sand wird entfernt, die Säuberung beim Waschen wird verbessert.

- __Knöpfe__ und Haken öffnen.

  Die Knopflöcher usw. werden geschont.

- __Nicht waschbare__ Knöpfe vor dem Waschen entfernen.

  Das Wasser würde diese beschädigen.

- Broschen und Gürtel __entfernen__ .

  Das Wasser würde diese beschädigen.

- Reißverschlüsse __schließen__ .

  Reißverschlüsse und Waschtrommel werden geschont.

- Bänder, z. B. Schürzenbänder, __leicht miteinander__ verschlingen.

  Die Bänder sind sonst nach der Wäsche nur schwer zu entwirren.

- __Stark verschmutzte__ Stellen evtl. mit Waschmittel einreiben.

  Die Waschwirkung wird so verbessert.

- Bettbezüge, Kopfkissen, __farbige__ Oberbekleidung, Cordhosen usw. nach __links__ wenden.

  Die Farben und die Stoffstruktur bleiben so besser erhalten.

- Bei Bettbezügen __jeden zweiten__ Knopf schließen.

  Kleine Wäschestücke können sich nicht in den Bezügen verfangen.

| entrollen | entleeren | schließen | stark verschmutzte | farbige | links |
| Knöpfe | jeden zweiten | nicht waschbare | leicht miteinander | entfernen | |

Textilpflege 27

6.3 Textilien zeitgemäß und schonend waschen – Irrgarten

Datum:

1. Lies die Aussagen.

2. Entscheide, ob die Aussagen richtig oder falsch sind.

3. Berichtige die falschen Aussagen auf dem Blatt.

4. Bei richtigen Aussagen folgst du den durchgezogenen Linien im Irrgarten auf der nächsten Seite, bei falschen Aussagen den unterbrochenen Linien.
Manche Stationen können auch öfter angefahren werden.

5. Sammle die jeweils erreichten Buchstaben, sie ergeben in richtiger Reihenfolge ein Lösungswort.

6. Sind deine Entscheidungen richtig, so findest du den Weg aus dem Irrgarten.
Los geht es! Hier sind die Aussagen!

1. In Vollwaschmitteln befinden sich Enzyme, Tenside und Bleichmittel.

    Richtig (A)

2. Zwei „½-Programme" verbrauchen weniger Strom und Wasser als ein Normalprogramm.

    Zwei ½-Programme verbrauchen mehr Strom/Wasser als Normalprogr. mit voller Trommel. Falsch (M)

3. Normal verschmutzte Wäsche wird bei 60 °C ohne Vorwäsche gewaschen.

    Richtig (T)

4. Hersteller sind zur Angabe von Rohstoffen und Pflegesymbolen verpflichtet.

    Lediglich die Rohstoffangabe ist vorgeschrieben. Falsch (E)

5. Baukastenwaschmittel bestehen aus drei Teilen: Basiswaschmittel, Enthärter und Bleichmittel.

    Richtig (L)

6. Vollwaschmittel eignen sich für die volle – ganze – Wäsche.

    Bleichmittel sind enthalten, ungeeignet für farbige Textilien. Falsch (S)

7. Normal verschmutzte Wäsche wird bei uns meist bei 30/40 °C gewaschen.

    Richtig (C)

8. In Gebieten mit dem Wasserhärtebereich 4 wird am wenigsten Waschmittel benötigt.

    Härtebereich 4 – härtestes Wasser, hoher Waschmittelverbrauch. Falsch (T)

9. Der Verbraucher sollte beim Einkauf die Pflegekennzeichnung beachten, um Geld zu sparen.

    Reinigungskosten werden so vermieden. Richtig (W)

10. Naturfasern sind pflanzlichen Ursprungs.

    Wolle ist eine tierische Naturfaser. Falsch (H)

11. Flecken vor dem Waschen behandeln, das spart Geld und Waschmittel.

    Richtig (I)

12. Unterwäsche ist Kochwäsche.

    Eiweiß wird durch Enzyme zersetzt, diese werden bei ca. 70 °C zerstört. Falsch (Ausgang)

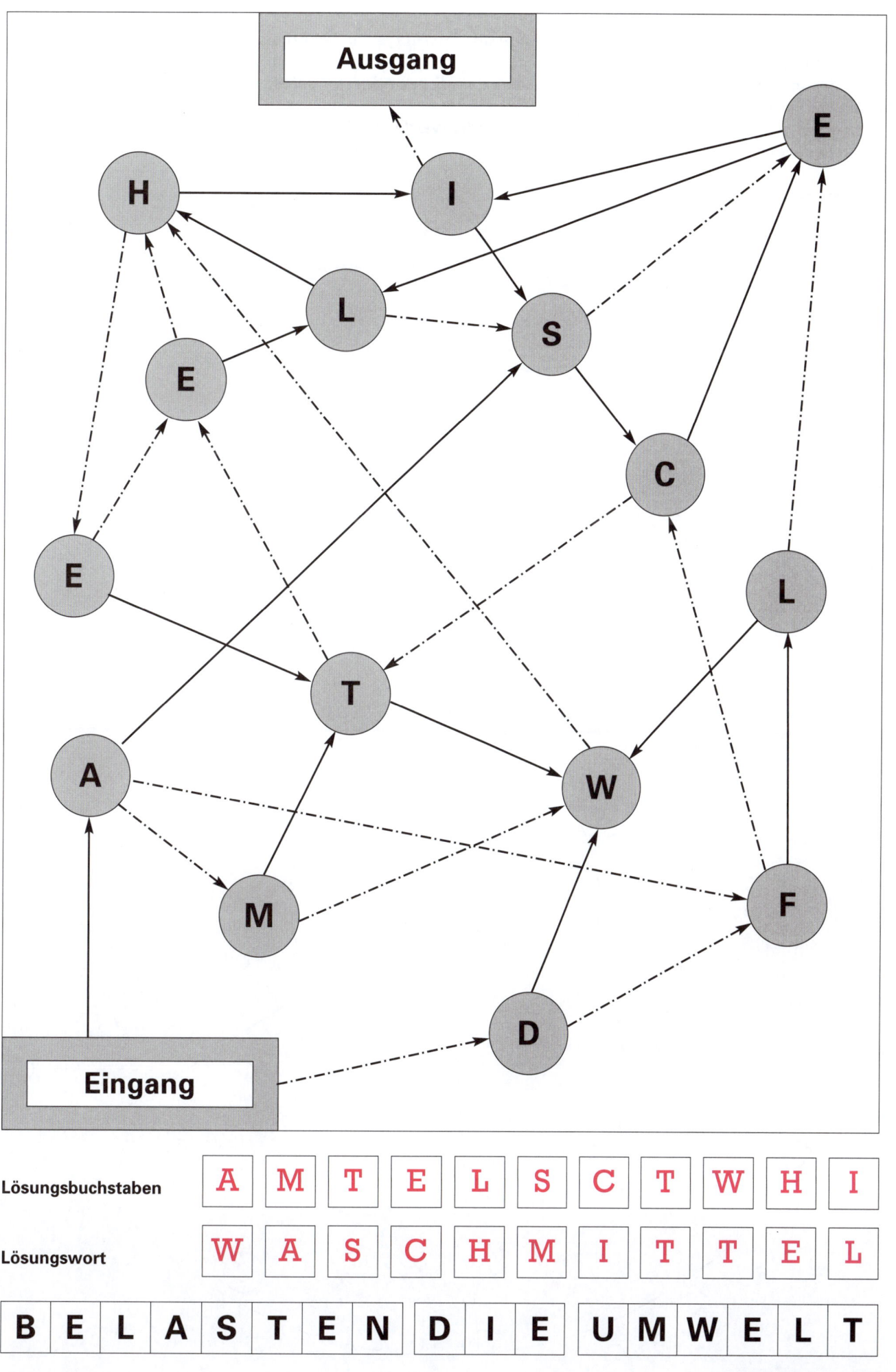

Lösungsbuchstaben	A	M	T	E	L	S	C	T	W	H	I
Lösungswort	W	A	S	C	H	M	I	T	T	E	L

B	E	L	A	S	T	E	N	D	I	E	U	M	W	E	L	T

Textilpflege 29

7 Vollwertige Ernährung
7.1 Wir erstellen einen Ernährungskreis

Schneide die Lebensmittelsymbole von der hinteren Umschlagseite des Arbeitsheftes aus und unterteile diese in sieben Gruppen.
Die Lebensmittel einer Gruppe haben jeweils einen ähnlichen Nährstoffgehalt.
Ordne die Symbole in den Kreis ein.
(Es müssen nicht alle Lebensmittelsymbole verwendet werden.)
Benenne die Lebensmittelgruppen.

Datum:

Lebensmittelgruppen

① Getränke

② Getreide, Getreideprodukte, Kartoffeln

③ Gemüse und Hülsenfrüchte

④ Obst

⑤ Milch und Milchprodukte

⑥ Fleisch, Fisch und Eier

⑦ Fette und Öle

(Unterschiedliche Lösungen sind möglich, wenn nicht alle Symbole verwendet werden.)

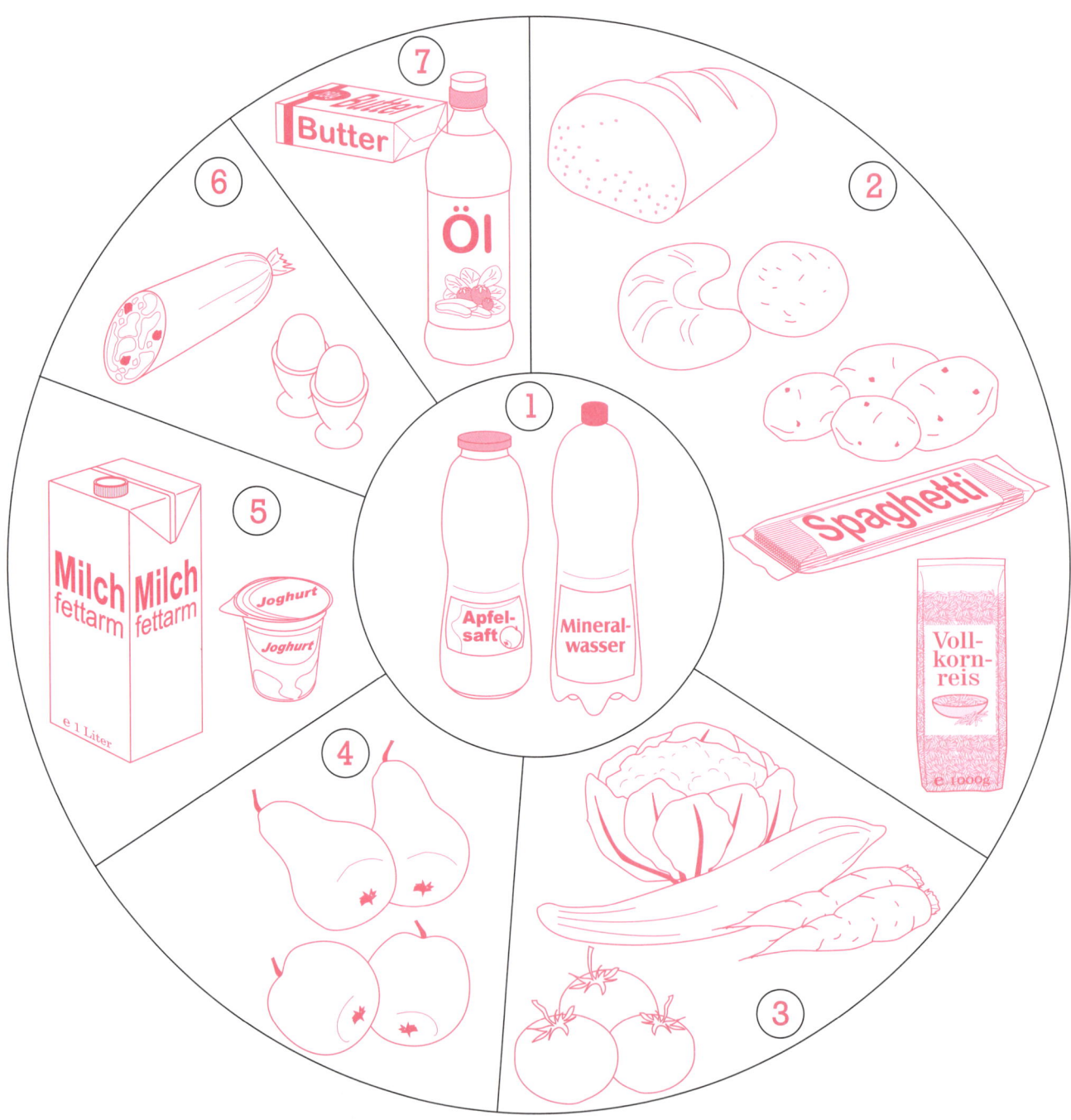

7.2 Das Frühstück – Sprungbrett in den Tag
Wir schreiben eine Bildergeschichte

Datum:

1. Nummeriere die neun Bilder in einer sinnvollen Reihenfolge.
2. Beschreibe das Geschehen in einem genauen, lebendigen und folgerichtigen Text.

7.3 Die unendliche Straße der Fachbegriffe

Datum:

1. Links oben beginnend sollen Fachbegriffe eingetragen werden.
   Der erste Begriff beginnt mit einem H.
   Der nächste Begriff beginnt mit dem letzten Buchstaben des ersten Begriffs.
   Jeder Begriff darf nur einmal verwendet werden.

2. Stellt fest, wer auf der Straße am weitesten vorankommt.

HAUSWIRTSCHAFT – TOMATE – EINKAUF – ... – HCS

32 Vollwertige Ernährung   handwerk-technik.de

7.4 Zu welcher Lebensmittelgruppe gehört das Lebensmittel? – Trimino

Datum:

1. Schneidet die einzelnen Dreiecke aus.
2. Trimino kann allein oder zu zweit bearbeitet werden.
   Lege die einzelnen Dreiecke aneinander, bis die Ausgangsform des Triminos wieder erreicht ist.
3. Doch es gibt noch eine Besonderheit:
   Es muss jeweils eine Zuordnung der Lebensmittel um die entsprechende Lebensmittelgruppe erfolgen, z. B. das Lebensmittel Hefezopf muss neben der 1. Lebensmittelgruppe liegen.
4. Nachdem ihr das Trimino gelegt habt, erstellt ihr eine Mind-Map zu den ersten drei Lebensmittelgruppen oder ihr übertragt die Lebensmittelgruppen mit den dazugehörigen Lebensmitteln in euer Heft.

(Lösung auf der Rückseite)

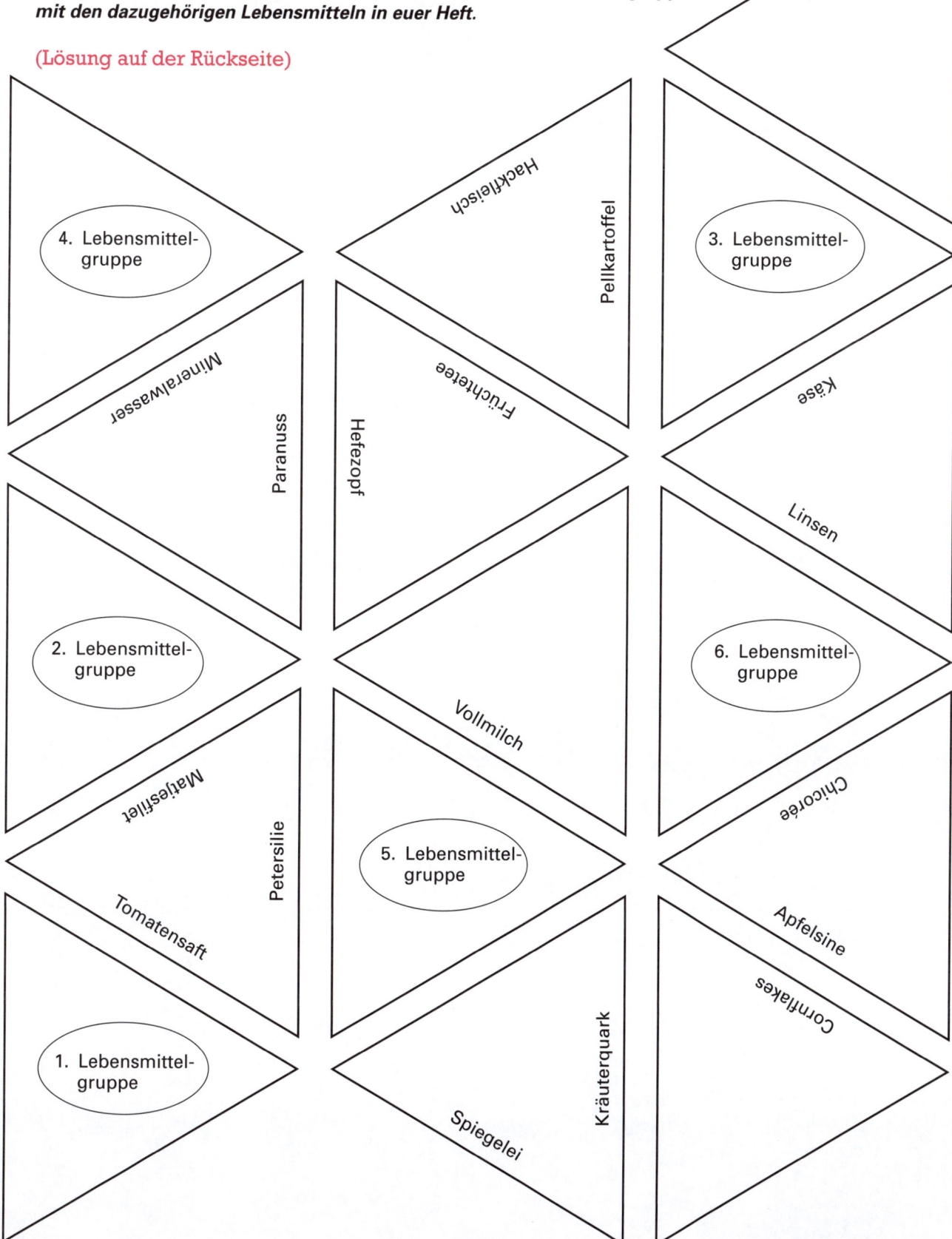

Vollwertige Ernährung

**Lösung Trimino (S. 33) –
Zu welcher Lebensmittelgruppe
gehört das Lebensmittel?**

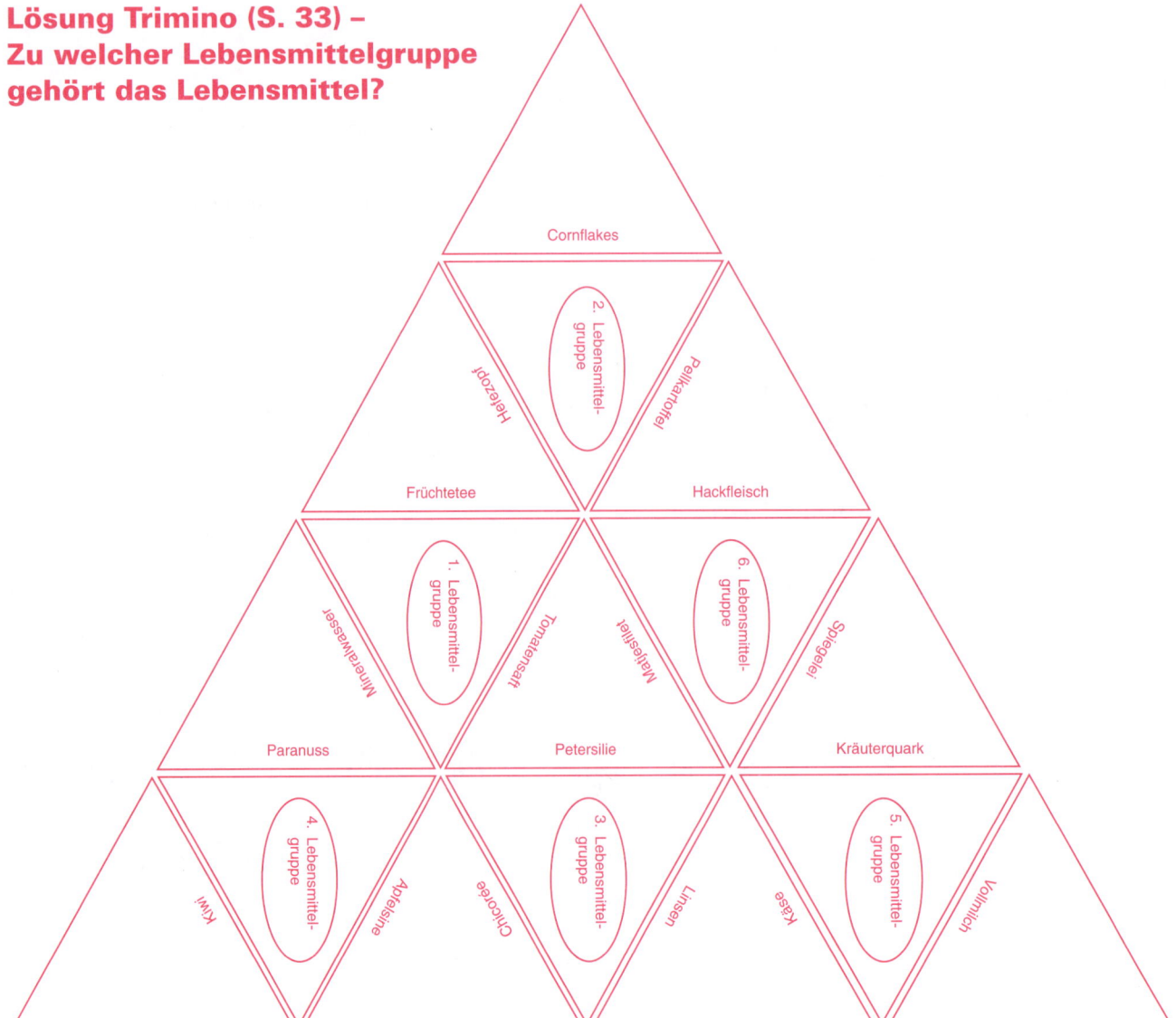

7.5 Energiebedarf

Datum:

Wir ermitteln den unterschiedlichen Energiebedarf verschiedener Personen.

1. Vergleiche die Personen auf den Abbildungen: Was machen sie?

2. Schreibe jeweils darunter, wer von beiden den höheren Energiebedarf hat.

3. Schreibe jeweils eine Begründung dazu.

Den höheren Energiebedarf hat der Junge links.

Begründung: Der Energiebedarf sinkt mit zunehmendem Alter.

Den höheren Energiebedarf hat das Mädchen rechts.

Begründung: Der Energiebedarf steigt mit zunehmender Körpergröße.

Den höheren Energiebedarf hat das Mädchen rechts.

Begründung: Der Energiebedarf steigt mit zunehmender körperlicher Aktivität.

Den höheren Energiebedarf hat der Junge links.

Begründung: Jungen bzw. Männer haben einen höheren Energiebedarf als Mädchen bzw. Frauen.

Den höheren Energiebedarf hat der Junge links.

Begründung: Der Energiebedarf steigt bei Kälte. Wärme wird zur Regulation der Körpertemperatur benötigt.

7.6 Normalgewicht – die ideale Figur?

Datum:

1. Schreibt auf Karten:

2. Wertet die Kartenbefragung aus.

3. Ermittelt eure Körpergröße und euer Körpergewicht.

4. Ermittelt mithilfe der Abbildung euren BMI (Body-Mass-Index). Markiere deine Größe und dein Gewicht auf der jeweiligen Skala. Verbinde beide Punkte durch eine Linie. Wie groß ist dein BMI?

5. Vergleicht eure eigene Einschätzung mit dem Ergebnis des BMI.

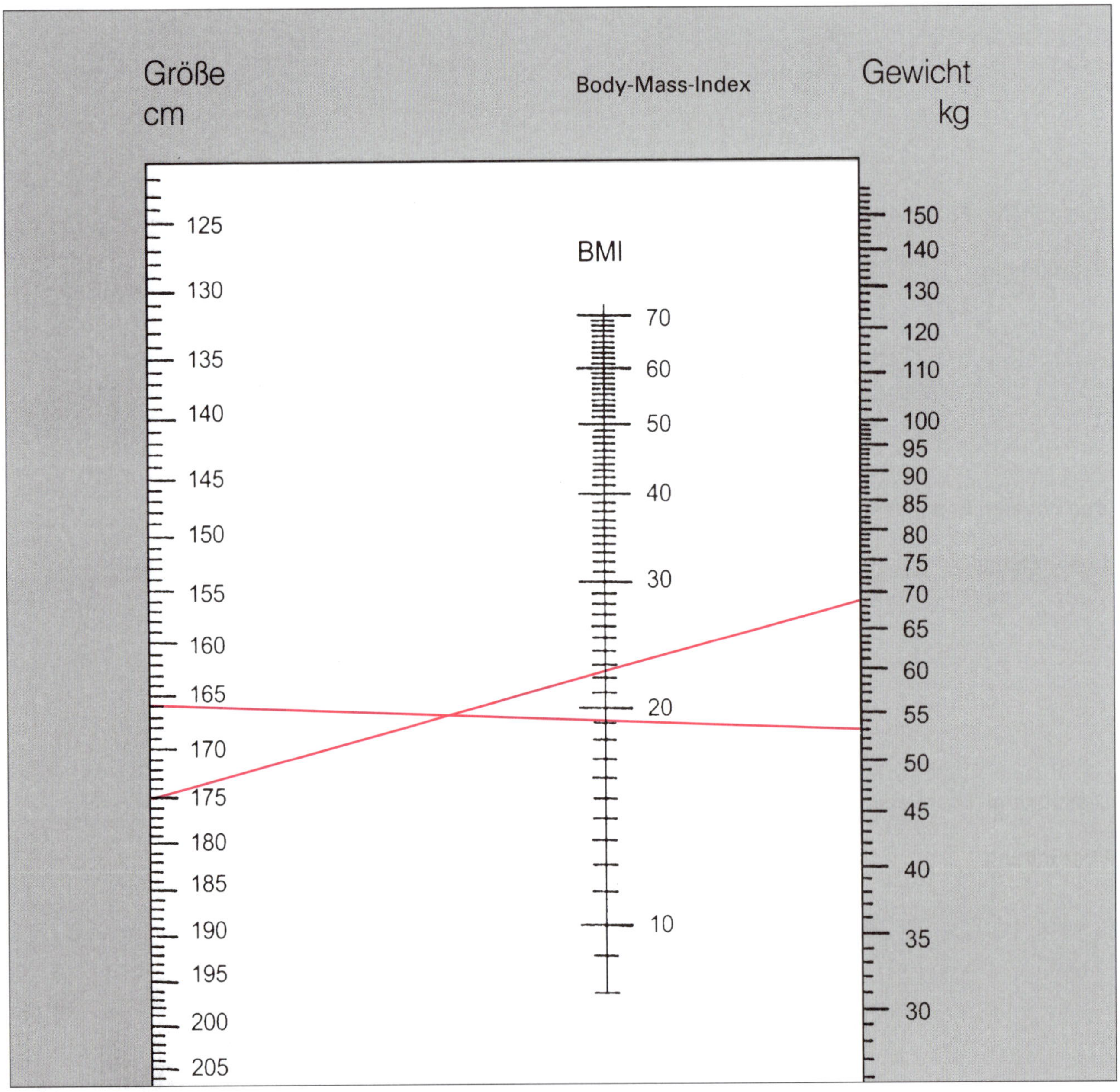

Bewertung des ermittelten BMI: (Unterschiedliche Lösungen sind möglich.)
unter 18: Untergewicht: Empfehlenswert ist eine Gewichtszunahme.
18–25: Normalgewicht.
26–30: Übergewicht: Eine Gewichtsabnahme ist notwendig.

7.7 Farben und Aufgaben der Nährstoffe

Datum:

1. Suche typische Farben für die verschiedenen Nährstoffe.

a) Wasser ist _blau_.

b) Fette sind _gelb_.

c) Kohlenhydrate sind in _grünen_ Pflanzen enthalten.

d) Eiweiß kommt in _rotem_ Fleisch vor.

e) Mineralstoffe sind in _braunem_ Vollkorn enthalten.

f) Für Vitamine bleibt die Farbe _Schwarz_, so kann man die kleinen Spuren besser sehen.

2. Schreibe die Nährstoffnamen in die jeweiligen Kästchen, vgl. Aufgabe 3, in den angegebenen Nährstofffarben

3. Ergänze den Text zu den Aufgaben der Nährstoffe.

Eiweiß	rot
Mineralstoffe	braun
Wasser	blau

Kohlenhydrate	grün
Fette	gelb

Mineralstoffe	braun
Vitamine	schwarz

Sie dienen dem Körper vorwiegend zum _Aufbau_ _und zur Erhaltung._

Es sind _Baustoffe._

Sie liefern dem Körper vorwiegend _Energie_ _für Bewegung und Wärme._

Es sind _Brennstoffe._

Sie _regeln_ Körpervorgänge und _schützen vor_ Krankheiten.

Es sind _Wirkstoffe._

4. Suche eine Überschrift für diese Seite und trage sie oben ein.

7.8 Wir ordnen Lebensmittel nach ihrem Nährstoffgehalt

Datum:

Lebensmittel enthalten Eiweiß, Fett und Kohlenhydrate, daneben Vitamine, Mineralstoffe und Wasser.

Schreibe die Namen der abgebildeten Lebensmittel geordnet in die unten stehende Liste.
Welche der abgebildeten Lebensmittel enthalten viel   a) Eiweiß,   b) Fett,   c) Kohlenhydrate?

a) Viel Eiweiß enthalten:	b) Viel Fett enthalten:	c) Viel Kohlenhydrate enthalten:
④ Hähnchen	③ Speiseöl	① Vollkornmehl
⑤ Milch	⑨ Erdnüsse	② Zucker
⑧ Erbsen	⑫ Sahnetorte	⑥ Salat
⑨ Erdnüsse	⑬ Hühnerei	⑦ Bonbons
⑬ Hühnerei	⑯ Mayonnaise	⑧ Erbsen
⑮ Joghurt	⑱ Sahnequark	⑩ Brötchen
⑱ Sahnequark	⑲ Butter	⑪ Apfel
⑳ Fleisch	㉒ Wurst	⑭ Nudeln (Teigwaren)
㉒ Wurst	㉓ Schlagsahne	⑰ Kartoffeln
㉔ Vollkornreis	㉘ Margarine	㉑ Honig
㉕ Käse		㉔ Vollkornreis
㉖ Fisch		㉗ Möhren

Einige Lebensmittel kannst du auch in zwei Spalten eintragen, da sie z. B. neben Kohlenhydraten auch reichlich Eiweiß enthalten.

7.9 Rösselsprung I – Welchen Nährstoff enthalten die Lebensmittel?

Datum:

1. Beim Schachspiel darf das „Rössel" – Pferd oder Springer – bei jedem Zug entweder
   zwei Felder waagerecht und eines senkrecht oder
   zwei Felder senkrecht und eines waagerecht springen.
   In den Feldern sind neun Lebensmittelbezeichnungen versteckt,
   die mit solchen Sprüngen entdeckt werden können.

2. Übertrage die Lebensmittelbezeichnungen in das Rätsel.
   Die markierten Felder ergeben den gesuchten Begriff.

⑤ MAR	⑥ EI	RI	FEL	🌷
① KAR	CHIP	TER	GELB	🌷
③ BUT	GA	TOF	NE	DO
⑨ SCHO	VO	LA	WURST	⑦ O
② SPEI	④ BRAT	LI	CA	OEL
⑧ A	KO	SE	DE	VE

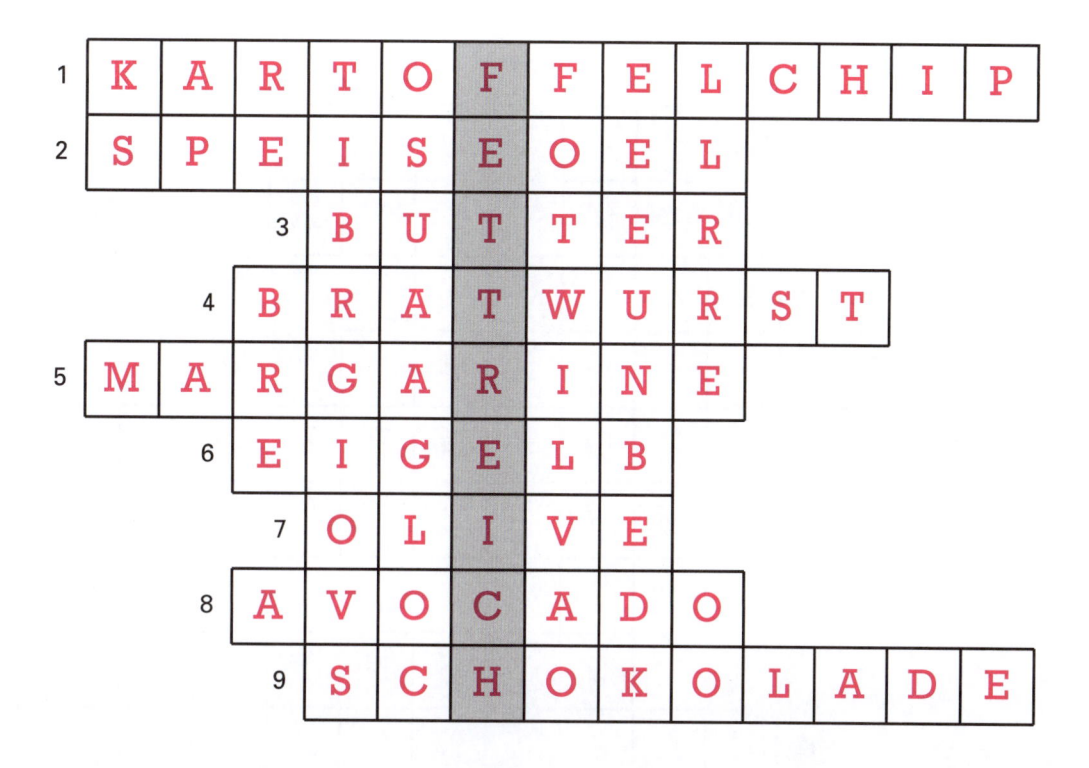

1. K A R T O F F E L C H I P
2. S P E I S E O E L
3. B U T T E R
4. B R A T W U R S T
5. M A R G A R I N E
6. E I G E L B
7. O L I V E
8. A V O C A D O
9. S C H O K O L A D E

Lösungswort: fettreich

7.10 Rösselsprung II – Welchen Nährstoff enthalten die Lebensmittel?

Datum:

1. Beim Schachspiel darf das „Rössel" – Pferd oder Springer – bei jedem Zug entweder
   zwei Felder waagerecht und eines senkrecht oder
   zwei Felder senkrecht und eines waagerecht springen.
   In den Feldern sind zwölf Lebensmittelbezeichnungen versteckt,
   die mit solchen Sprüngen entdeckt werden können.

2. Übertrage die Lebensmittelbezeichnungen in das Rätsel.
   Die markierten Felder ergeben eine Eigenschaft wertvoller Lebensmittel.

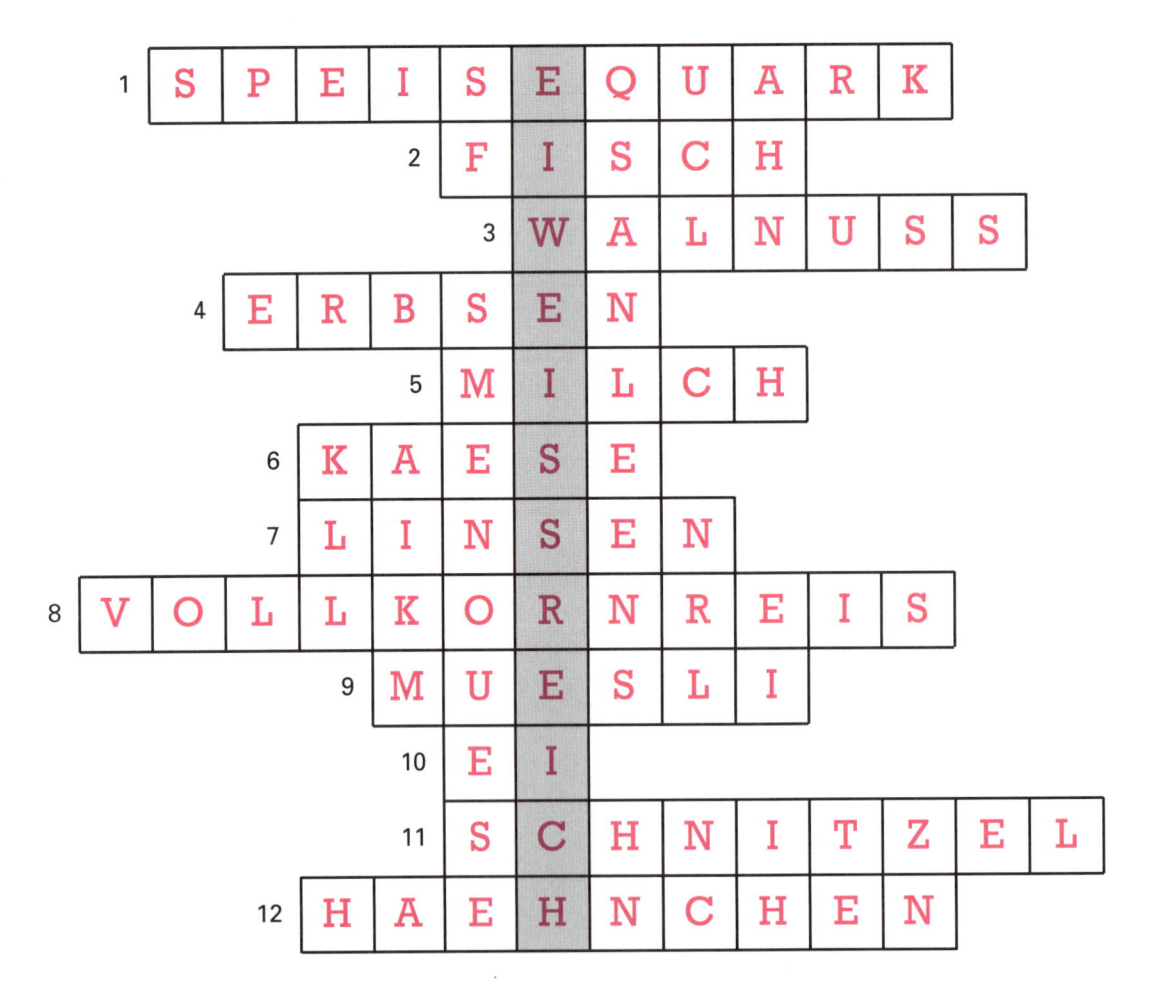

① SPEI	⑥ KAE	⑧ VOLL	③ WAL	QUARK
⑦ LIN	⑨ MUES	SE	⑪ SCHNIT	④ ERB
SE	② FISCH	NUSS	KORN	⑫ HAEHN
LI	SEN	CHEN	SEN	ZEL
⑤ MILCH	🌷	🌷	⑩ EI	REIS

1. SPEISEQUARK
2. FISCH
3. WALNUSS
4. ERBSEN
5. MILCH
6. KAESE
7. LINSEN
8. VOLLKORNREIS
9. MUESLI
10. EI
11. SCHNITZEL
12. HAEHNCHEN

Lösungswort: eiweißreich

40 Vollwertige Ernährung   handwerk-technik.de

7.11 Zucker und Karies – Wir bringen Abbildungen in die richtige Reihenfolge

1. Wie heißen die Bestandteile des Zahns? Beschrifte die Abbildung „Zahnaufbau".
2. Male die verschiedenen Bestandteile farbig an.
3. Bringe die folgenden Abbildungen in eine sinnvolle Reihenfolge.
4. Male die Abbildungen farbig an.
5. Beschreibe die Entstehung von Karies durch zuckerhaltige Speisereste.

Datum:

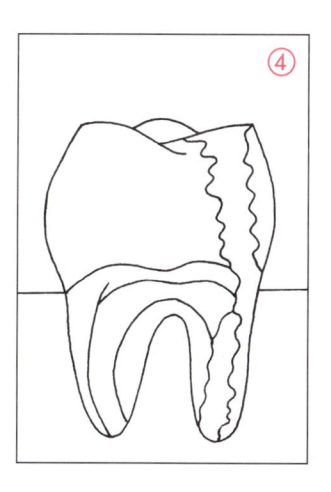

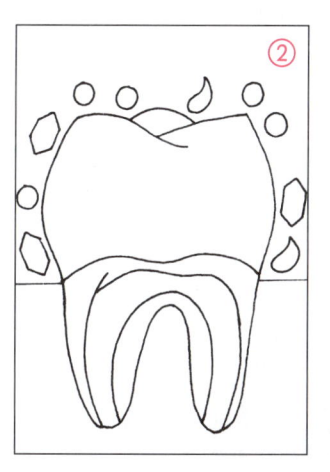

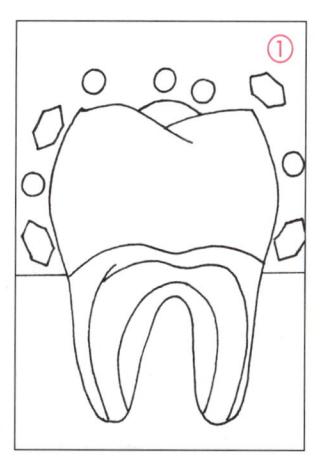

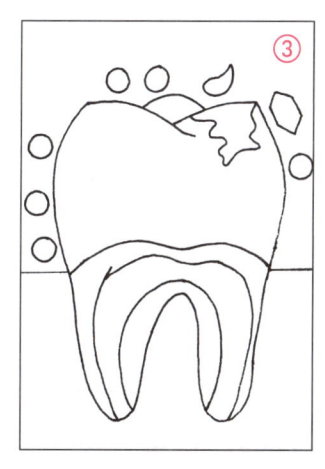

① Zahnschmelz
② Zahnbein
③ Zahnhöhle/Nerven
④ Zahnfleisch
⑤ Wurzelhaut
⑥ Zahnzement
⑦ Kieferknochen

Reihenfolge der Abbildungen: ④ ② ① ③

◯ Zucker   ◯ Bakterien   ◯ Säure

1. Bakterien und zuckerhaltige Speisereste bilden Zahnbeläge.
2. Es entstehen Säuren, die den Zahnschmelz entkalken.
3. Der Zahnschmelz ist angegriffen, Bakterien können eindringen.
4. Sie gelangen in die Zahnhöhle und verursachen dort schmerzhafte Entzündungen.

6. **Ergänze den folgenden Text.**
   Die Kariesentstehung kann gemindert werden:

– weniger zuckerreiche Lebensmittel und Süßigkeiten essen, vor allen Dingen nicht zwischendurch

– Zähne nach jeder Mahlzeit putzen

Vollwertige Ernährung

7.12 Verdauung

Datum:

Der Weg der Nahrung durch unseren Körper

1. Beschrifte die Abbildung.

2. Male alle Teile, durch die die Nahrung hindurchgeht, rot an.

3. Male alle anderen Organe blau an.

4. Suche eine Überschrift für die Abbildung, trage diese oben ein.

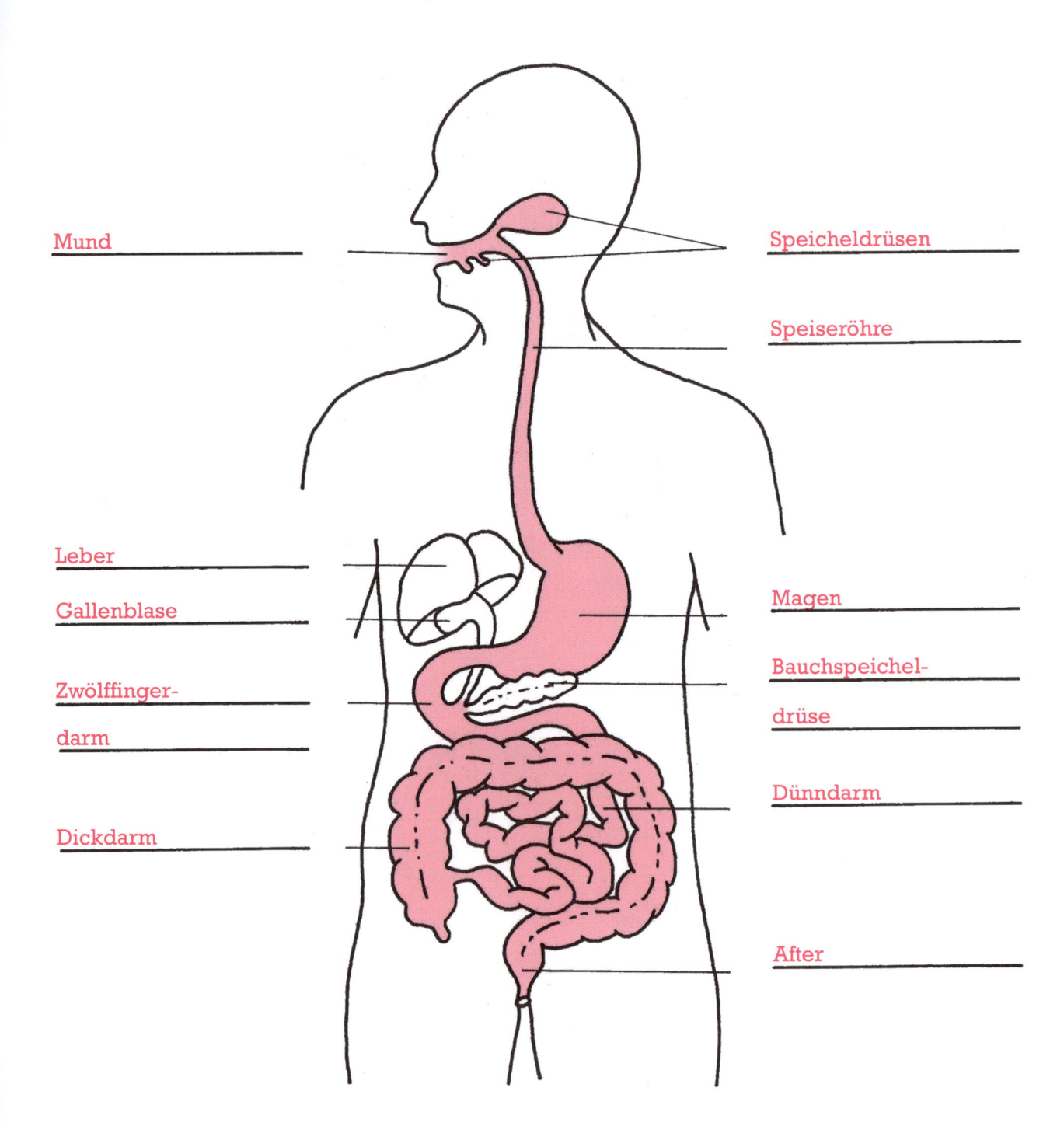

Mund

Speicheldrüsen

Speiseröhre

Leber

Gallenblase

Magen

Zwölffingerdarm

Bauchspeicheldrüse

Dünndarm

Dickdarm

After

5. **Ergänze den folgenden Text:**

Bei der Verdauung werden die Nährstoffe durch

 Verdauungssäfte umgewandelt und dabei

löslich gemacht, damit das Blut sie aufnehmen kann.

42 Vollwertige Ernährung

7.13 Getreide – Schwedenrätsel

Datum:

1. Suche in dem Rätsel nach 35 Begriffen.

2. Ermittle 3 Hauptüberschriften.

3. Sortiere die Begriffe nach diesen Hauptüberschriften.

4. Übertrage die Begriffe in eine Mind-Map.

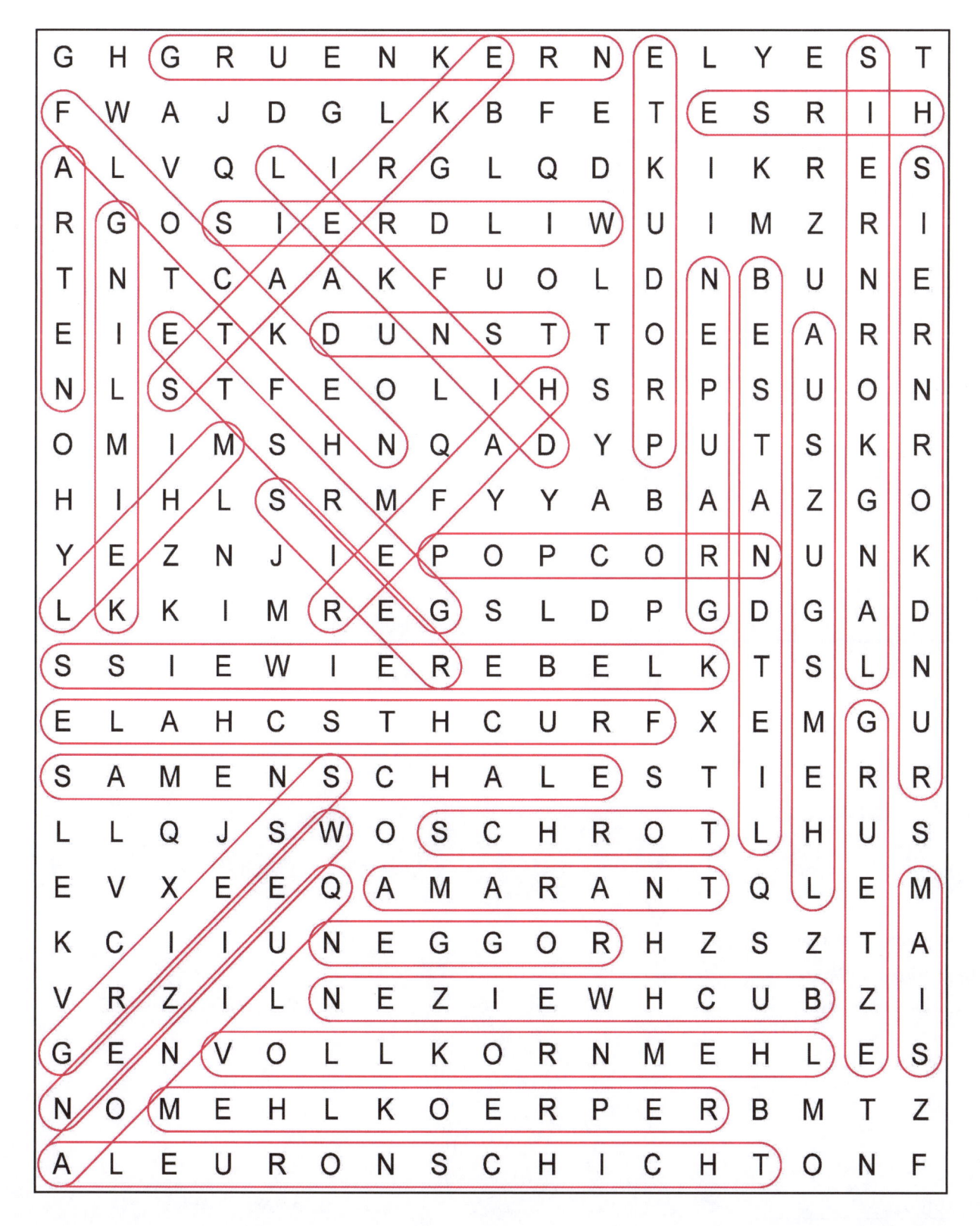

G	H	G	R	U	E	N	K	E	R	N	E	L	Y	E	S	T
F	W	A	J	D	G	L	K	B	F	E	T	E	S	R	I	H
A	L	V	Q	L	I	R	G	L	Q	D	K	I	K	R	E	S
R	G	O	S	I	E	R	D	L	I	W	U	I	M	Z	R	I
T	N	T	C	A	A	K	F	U	O	L	D	N	B	U	N	E
E	I	E	T	K	D	U	N	S	T	T	O	E	E	A	R	R
N	L	S	T	F	E	O	L	I	H	S	R	P	S	U	O	N
O	M	I	M	S	H	N	Q	A	D	Y	P	U	T	S	K	R
H	I	H	L	S	R	M	F	Y	Y	A	B	A	A	Z	G	O
Y	E	Z	N	J	I	E	P	O	P	C	O	R	N	U	N	K
L	K	K	I	M	R	E	G	S	L	D	P	G	D	G	A	D
S	S	I	E	W	I	E	R	E	B	E	L	K	T	S	L	N
E	L	A	H	C	S	T	H	C	U	R	F	X	E	M	G	U
S	A	M	E	N	S	C	H	A	L	E	S	T	I	E	R	R
L	L	Q	J	S	W	O	S	C	H	R	O	T	L	H	U	S
E	V	X	E	E	Q	A	M	A	R	A	N	T	Q	L	E	M
K	C	I	I	U	N	E	G	G	O	R	H	Z	S	Z	T	A
V	R	Z	I	L	N	E	Z	I	E	W	H	C	U	B	Z	I
G	E	N	V	O	L	L	K	O	R	N	M	E	H	L	E	S
N	O	M	E	H	L	K	O	E	R	P	E	R	B	M	T	Z
A	L	E	U	R	O	N	S	C	H	I	C	H	T	O	N	F

Vollwertige Ernährung

7.14 Getreide enthält Ballaststoffe

Datum:

Bearbeitet dieses Arbeitsblatt in Kleingruppen. Sammelt bei jeder Aufgabe zunächst die Beiträge der einzelnen Gruppenmitglieder. Versucht dann gemeinsam, die richtigen Lösungen zu finden und diese – wenn notwendig – möglichst kurz und klar zu formulieren.

Begriffsklärung

1. Was sind Ballaststoffe?

Ballaststoffe sind Kohlenhydrate, die im menschlichen Körper nicht abgebaut werden können (z.B. Cellulose). Man nennt sie daher auch unverdauliche Nahrungsbestandteile.

2. Wie viel Energie liefern uns Ballaststoffe?

Ballaststoffe liefern uns keine Energie.

Getreidesorten

3. Ordne die Namen der Getreidesorten den Abbildungen richtig zu:

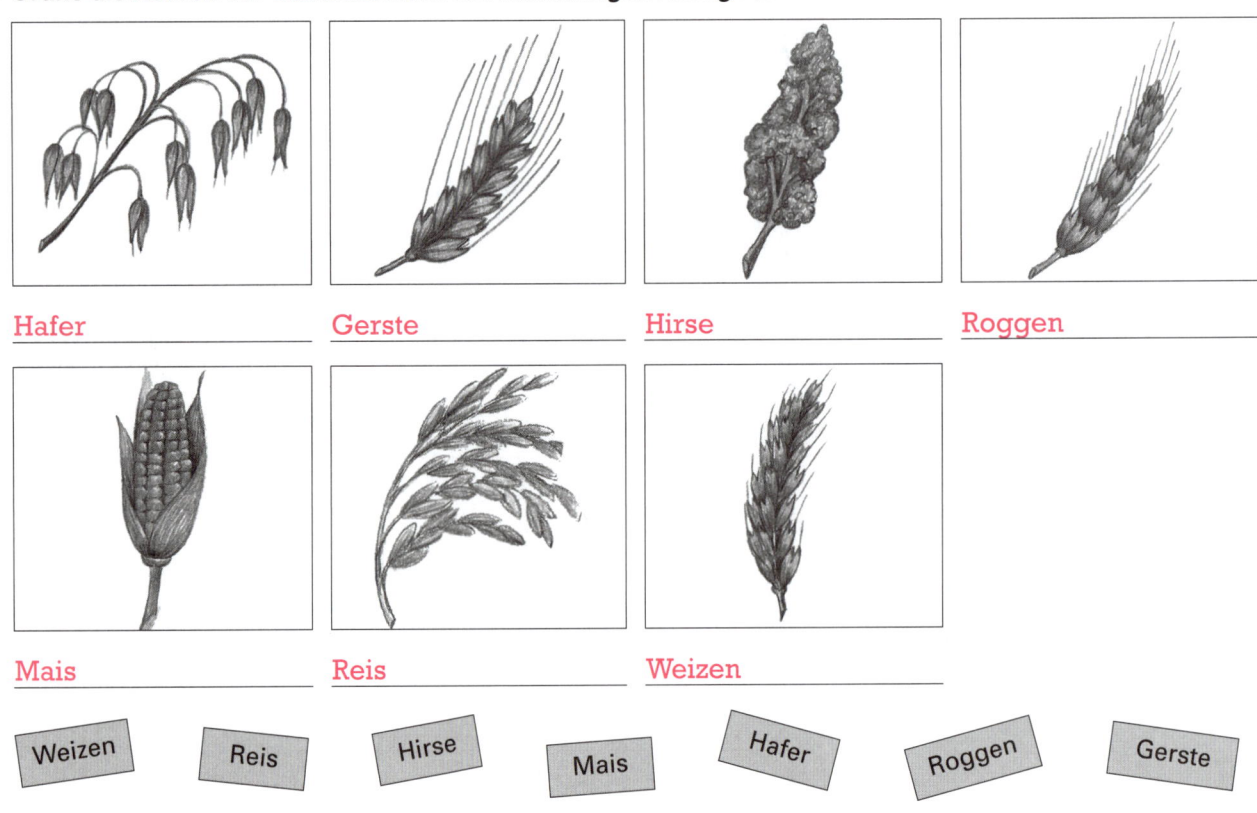

Hafer — Gerste — Hirse — Roggen

Mais — Reis — Weizen

Aufbau eines Getreidekorns

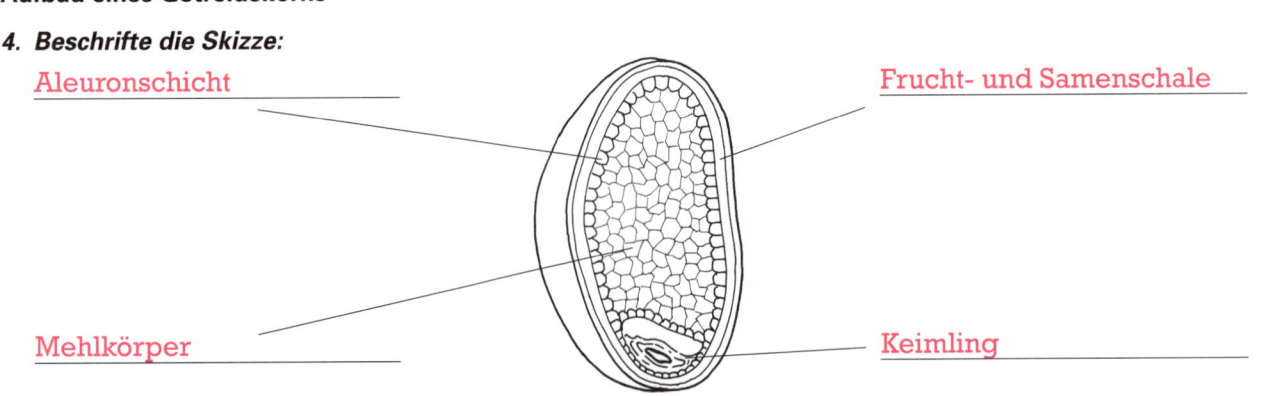

4. Beschrifte die Skizze:

Aleuronschicht — Frucht- und Samenschale

Mehlkörper — Keimling

5. In welchem Teil des Getreidekorns befinden sich Ballaststoffe? Malt diesen Teil des Getreidekorns grün an.

In der Frucht- und Samenschale.

7.15 Speisen aus Kartoffeln – Silbenrätsel

Datum:

1. Hier sind die Silben von 13 Bezeichnungen für Speisen aus Kartoffeln.
Finde die Bezeichnungen für die Speisen und suche nach entsprechenden Rezepten.

BACK – BRAT – CHI – CHIPS – CLETTE – FEL – FEL – FEL – FELN – FELN – FELN – FELN – FER – FRI – GNOC – GRA – KAR – KAR – KAR – KAR – KAR – KAR – KAR – KET – KRO – LAT – MES – PELL – POM – PÜ – PUF – RA – REE – SA – SALZ – TEN – TES – TIN – TOF – TOF – TOF – TOF – TOF – TOF – TOF

Backkartoffeln	Bratkartoffeln
Chips	Gnocchi
Gratin	Kartoffelpüree
Kartoffelpuffer	Kartoffelsalat
Kroketten	Pellkartoffeln
Pommes frites	Raclette
Salzkartoffeln	

2. Welche Speise aus Kartoffeln wird in der folgende Anekdote beschrieben?

Kartoffelchips

Gib der Anekdote die passende Überschrift und trage sie ein.

Verschiedene Antworten sind möglich.

Es geschah im 19. Jahrhundert in Amerika.
Ein Gast bestellte gebratene Kartoffelstücke. Der Koch servierte diese, doch der Gast beklagte sich, dass die Kartoffelstücke zu dick seien. Der Koch musste neue, kleinere Stücke zubereiten. Aber auch diese waren dem Gast noch zu groß.
Wütend schnitt der Koch die Kartoffeln in ganz dünne Scheiben. Beim Braten wurden die Scheiben so hart, dass man sie nur noch mit den Fingern essen konnte. Der Gast war von dieser Kartoffelköstlichkeit begeistert.

3. Schreibe weitere Steckbriefe für die verschiedenen Speisen aus Kartoffeln.

**STECKBRIEF
DIE TOLLE KNOLLE**

7.16 Früchte aus anderen Ländern

Datum:

1. Benenne die Früchte.
2. Erkunde z. B. im Internet die Herkunft der Früchte und Beispiele für deren Verwendung.

① Kiwi

② Mango

③ Kaki

④ Guave

⑤ Avocado

⑥ Granatapfel

⑦ Cherimoya

⑧ Passionsfrucht

⑨ Rotfleischige Papaya

⑩ Litschi

⑪ Limette

⑫ Feige

⑬ Maracuja

⑭ Physalis

⑮ Karambole

Zu Aufgabe 2:
Zu Herkunft und Verwendung sind verschiedene Lösungen möglich.

7.17 Hauptangebotszeiten von Obst- und Gemüsesorten – Domino

Datum:

1. *Schneide die Dominokarten aus und klebe sie auf Karton.*
2. *Sortiert die Obst- und Gemüsesorten nach den Hauptangebotszeiten*
   a) Frühling, b) Sommer, c) Herbst, d) Winter.
   Hinweis: Die Jahreszeiten auf den rechten Kartenhälften sind nicht die Hauptangebotszeiten.
3. *Nun geht es ans Spiel, jeweils 4 bis 6 Schüler spielen in einer Gruppe.*
   D. h., sie dürfen sich beraten, welche Dominokarte sie anlegen wollen.
   Eine Karte wird auf den Tisch gelegt, z. B.:
4. *Nun kann*
   rechts *eine weitere Dominokarte mit einer Obst-*
   oder Gemüsesorte angelegt werden, die hauptsächlich
   im Sommer angeboten wird, oder
   links *eine Dominokarte mit der Jahreszeit angelegt*
   werden, in der Spargel hauptsächlich angeboten wird, usw.
5. *Malt die Dominokarten nach den Hauptangebotszeiten*
   der Obst- und Gemüsesorten farbig an,
   a) Frühling – gelb, b) Sommer – hellrot,
   c) Herbst – hellgrün, d) Winter – hellblau.
6. *Klebt die Dominokarten sortiert nach den*
   Hauptangebotszeiten in euer Heft.

Dominokarten

Spargel	Sommer	Kirsche	Herbst	Radieschen	Winter
Apfel	Frühling	Kopfsalat	Winter	Erdbeere	Winter
Gurke	Frühling	Grünkohl	Sommer	Banane	Sommer
Tomate	Frühling	Kartoffel	Frühling	Apfelsine	Sommer
Möhre	Herbst	Rhabarber	Herbst	Kohlrabi	Herbst
Zwiebel	Sommer	Birne	Frühling	Pfirsich	Herbst
Sellerie	Frühling	Himbeere	Winter	Weintraube	Winter
Zitrone	Herbst	Paprika	Frühling	Blumenkohl	Sommer
Rettich	Frühling	Pflaume	Winter	Chicorée	Sommer
Brokkoli	Frühling	Heidelbeere	Winter	Porree	Sommer

7.18 Wasser-, Energie- und Vitamingehalt

Datum:

1. *Nenne Aufgaben des Wassers im menschlichen Körper:* Baustoff, Lösungsmittel, Transportmittel, Wärmeregulation

Wir sollten täglich 2,5 Liter Wasser mit Lebensmitteln und Getränken zu uns nehmen.

Auch „feste" Lebensmittel enthalten viel Wasser.
2. *Kennzeichne den Wassergehalt von einigen „festen" Lebensmitteln in der Abbildung. Male die entsprechenden Anteile in den Lebensmitteln blau an.*

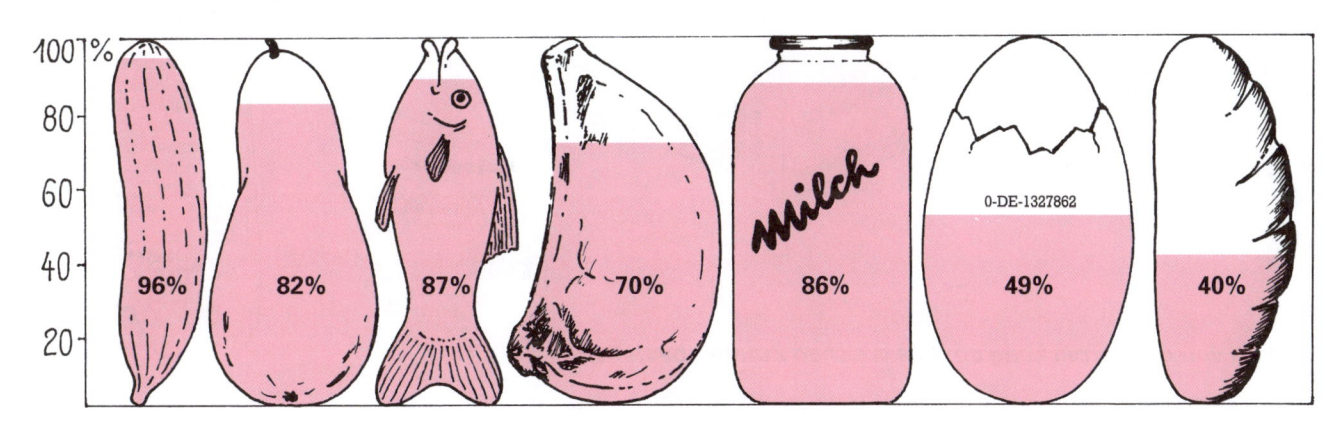

96% 82% 87% 70% 86% 49% 40%

Täglich sollten wir 1 __Liter__ __Wasser__ mit __festen__ Lebensmitteln zu uns nehmen.

Getränke enthalten neben Wasser oft auch viel Zucker.
3. *Ordne die abgebildeten Getränke nach ihrem Nährstoffgehalt. Welche der abgebildeten Getränke enthalten*
   a) *wenig Energie,*   b) *viel Zucker, viel Energie,*   c) *Energie und Vitamine bzw. Mineralstoffe?*
   Einige Getränke kannst du auch in zwei Spalten eintragen.

a) Wenig Energie enthalten:	b) Viel Energie enthalten:	c) Energie und Vitamine enthalten:
Tee	Limonade	Gemüsesaft
Mineralwasser	Bier, Colagetränk	Vollmilch
Kaffee	Kakaotrunk	Buttermilch
	Fruchtsaftgetränk	

Täglich sollten wir 1,5 __Liter__ __Wasser__ mit Getränken zu uns nehmen.

Geeignete Getränke sind: Mineralwasser, Tee (Kräutertee), Gemüsesaft, fettarme Milch, Buttermilch.

Vollwertige Ernährung

7.19 Wir vergleichen Erfrischungsgetränke

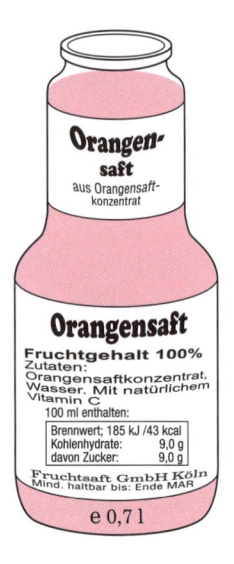

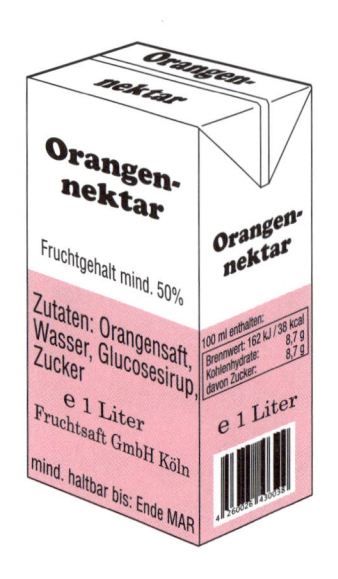

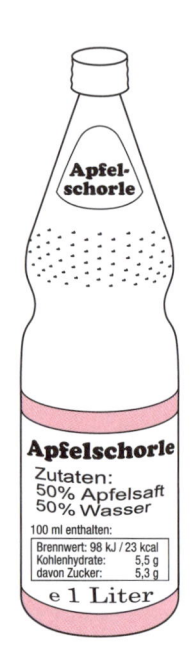

Datum:

1. Lies von der Verpackung ab: Aus welchen Zutaten bestehen

Fruchtsaft?   Orangensaftkonzentrat, Wasser, Vitamin C

Fruchtnektar?   Orangensaft, Wasser, Glucosesirup, Zucker

Obstschorle?   Apfelsaft, Wasser

Fruchtsaftgetränk?   Mineralwasser, Zucker, Fruchtsaftgetränkegrundstoff, natürliches Aroma

2. Ermittle den Fruchtgehalt der Getränke und male den entsprechenden Teil der Packungen rot an.

	Fruchtsaftgetränk	Obstschorle	Fruchtnektar	Fruchtsaft
Fruchtgehalt	10 %	50 %	mind. 50 %	100 %

3. Lies von der Verpackung ab: Wie viel g Zucker stecken jeweils in 1 Liter

Fruchtsaft?   90 g   Fruchtnektar?   87 g

Obstschorle?   53 g   Fruchtsaftgetränk?   100 g

4. Wie viel Stück Zucker (5 g) sind jeweils in einem 200-ml-Glas mit

Fruchtsaft?   18   Fruchtnektar?   17

Obstschorle?   11   Fruchtsaftgetränk?   20

5. Lies von der Verpackung ab: Wie viel kcal (kJ) hat jeweils 1 Liter

Fruchtsaft?	1850 kJ	430 kcal
Fruchtnektar?	1620 kJ	380 kcal
Obstschorle?	980 kJ	230 kcal
Fruchtsaftgetränk?	1740 kJ	410 kcal

6. Welches Getränk eignet sich für eine gesunde Ernährung? Begründe deine Entscheidung.

Obstschorle erfrischt und enthält weniger Zucker als die anderen Getränke und so auch weniger Energie. Fit ohne Übergewicht.

7.20 Wir unterscheiden Milchsorten

Datum:

1. Übertrage die Angaben auf den Milchpackungen 1 bis 3 in die folgende Tabelle.

Behandlungsverfahren	Milchpackungen		
	①	②	③
Fettgehaltsstufe	Vollmilch, 3,5 %	fettarm, 1,5 %	entrahmt, 0,3 %
Wärmebehandlungsverfahren	pasteurisiert	hocherhitzt	ultrahoch-erhitzt

2. Erläutere den Begriff „homogenisiert". Die Milch wird unter hohem Druck durch feinste Düsen gepresst; die Fetttröpfchen werden dabei fein zerteilt.

3. Ergänze die Angaben auf den folgenden Milchpackungen 4 bis 6:

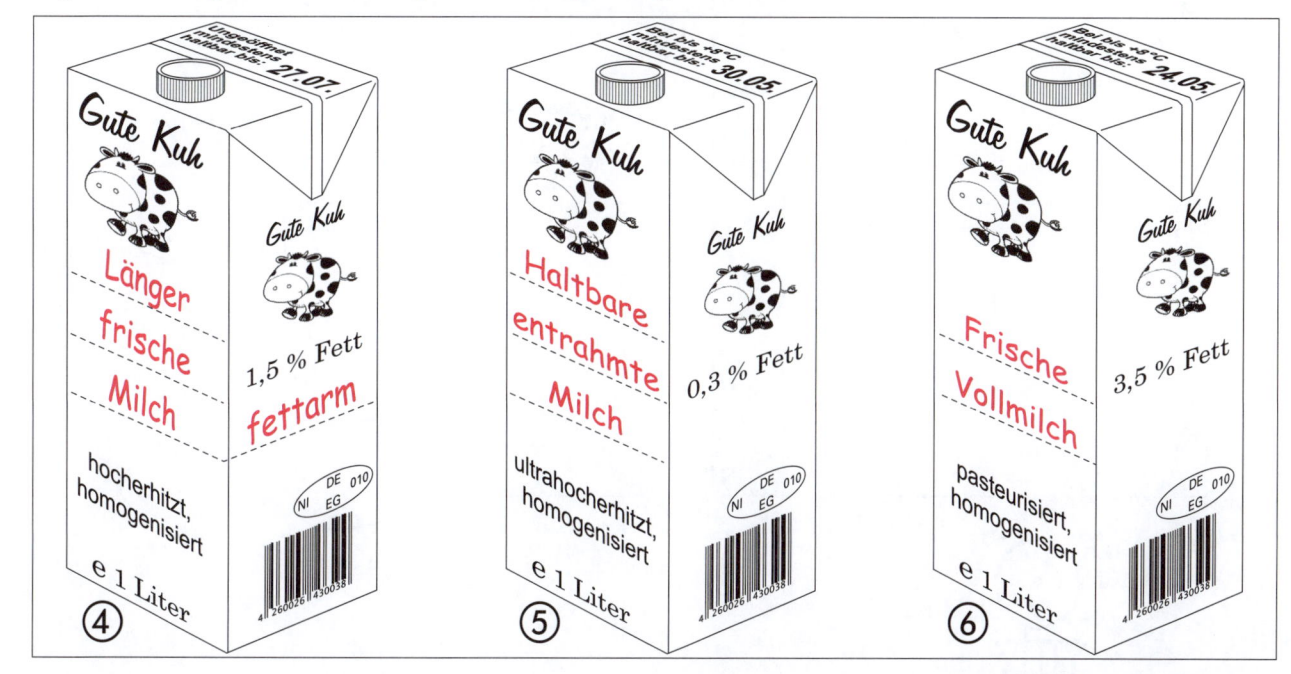

④ Länger frische Milch — fettarm
⑤ Haltbare entrahmte Milch
⑥ Frische Vollmilch

7.21 Das große Milchrätsel

Datum:

1. Aus dem Euter der Kuh kann die Milch gemolken werden.
2. Auf der Weide frisst die Kuh Gras.
3. Um die Milch zu bekommen, muss der Bauer die Kuh melken.
4. Damit die Milch nicht aufrahmt, sollte man sie homogenisieren.
5. Ultrahocherhitzte Milch nennt man auch H-Milch.
6. Der Milchwagen bringt die Milch in die Molkerei.
7. Bevor die Milch in den Handel gelangt, wird sie noch verpackt.
8. Nach dem Melken und Erhitzen muss man die Milch kühlen.
9. Sahne nennt man auch Rahm.
10. Das Erhitzen der Milch auf 62 bis 85 °C nennt man Pasteurisieren.
11. Vollmilch nennt man die Milch mit dem vollen Fettgehalt von 3,5%.
12. Milch, die noch nicht behandelt wurde, nennt man Rohmilch.
13. In der Zentrifuge wird die Milch gereinigt, außerdem wird der Fettgehalt eingestellt.

Die umrahmten Felder ergeben den Lösungsspruch! (Ü = 1 Buchstabe)

1. EUTER
2. GRAS
3. MELKEN
4. HOMOGENISIEREN
5. H-MILCH
6. MOLKEREI
7. VERPACKT
8. KÜHLEN
9. RAHM
10. PASTEURISIEREN
11. VOLLMILCH
12. ROHMILCH
13. FETTGEHALT

52   Vollwertige Ernährung

7.22 Fisch – Kreuzworträtsel

Datum:

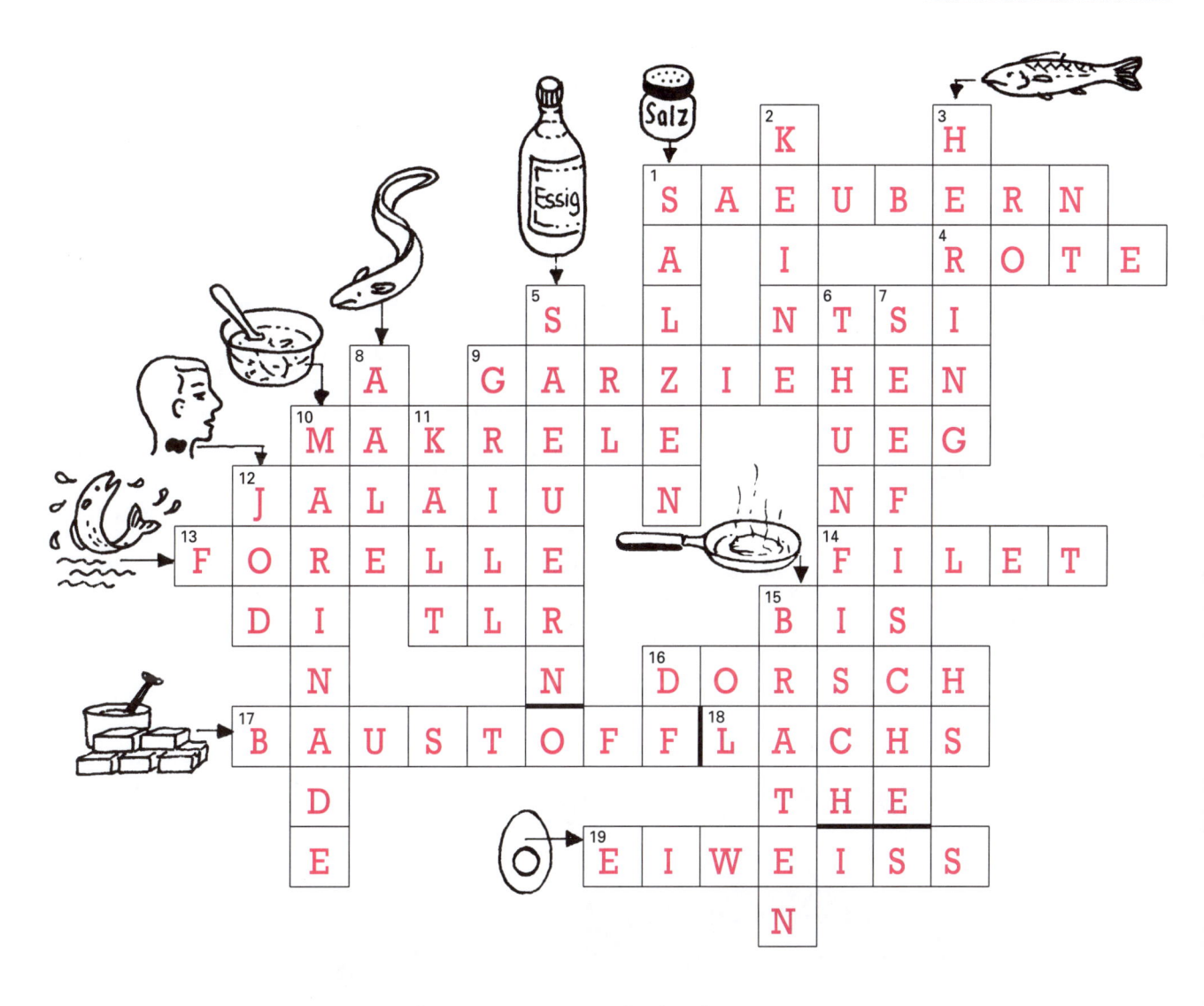

Waagerecht

1. Fisch vor dem Garen kurz unter fließendem kalten Wasser …
4. Frischer Fisch hat … Kiemen.
9. … ist eine schonende Zubereitungsmethode für Fisch.
10. … ist ein Fettfisch, der in der Ostsee und der Nordsee lebt.
13. … ist ein Magerfisch, der in Bächen und Seen lebt.
14. Frischer Fisch wird als ganzer Fisch oder als … angeboten.
16. … ist ein anderer Name für den Seefisch Kabeljau.
17. Eiweiß dient dem Körper als …
18. … ist ein Fettfisch, der oft auch in Massentierhaltung erzeugt wird.
19. Fisch enthält reichlich …

Senkrecht

1. Fisch erst unmittelbar vor dem Garen …
2. Frischer Fisch hat … Druckstellen.
3. … ist ein Fettfisch, der auch als Rollmops angeboten wird.
5. Fisch mit Zitronensaft oder Essig …, das Fischfleisch wird weiß und fest.
6. … ist ein größerer Fettfisch, der einen hohen Schadstoffgehalt aufweisen kann.
7. Kabeljau, Scholle, Makrele und Hering sind …
8. …, sind Fettfische, die in Binnengewässern leben und im Atlantik laichen.
9. … ist ein Bratrost, auf dem Fisch bei starker Hitze gegart werden kann.
10. Bismarckheringe, Rollmöpse usw. werden in … eingelegt.
11. Bismarckheringe usw. isst man …
12. Seefische enthalten besonders reichlich den Mineralstoff …
15. … ist eine schnelle Zubereitungsmethode für Fisch.

Vollwertige Ernährung

7.23 Rätselhaftes zum Thema Jod

Datum:

1. K R O P F
   11 18 15 16 6

2. T H Y R O X I N
   20 8 25 18 15 24 9 14

3. S E E F I S C H
   19 5 5 6 9 19 3 8

4. M I K R O G R A M M
   13 9 11 18 15 7 18 1 13 13

5. J O D S A L Z
   10 15 4 19 1 12 26

6. J O D M A N G E L G E B I E T E N
   10 15 4 13 1 14 7 5 12 7 5 2 9 5 20 5 14

7. S E N K T
   19 5 14 11 20

8. V O R B E U G E N
   22 15 18 2 5 21 7 5 14

9. B R O T
   2 18 15 20

10. M E E R
    13 5 5 18

11. S U E S S W A S S E R
    19 21 5 19 19 23 1 19 19 5 18

12. U N T E R F U N K T I O N
    21 14 20 5 18 6 21 14 11 20 9 15 14

13. S C H E L L F I S C H
    19 3 8 5 12 12 6 9 19 3 8

14. S E E L A C H S
    19 5 5 12 1 3 8 19

15. R E G E L M A E S S I G
    18 5 7 5 12 13 1 5 19 19 9 7

16. K E I N E
    11 5 9 14 5

17. A R Z T
    1 18 26 20

Lösung

S E H R   G U T   G E M A C H T
19 5 8 18   7 21 20   7 5 13 1 3 8 20

---

1. Nach Karies ist der … die zweithäufigste Erkrankung in Deutschland.
2. Jod wird zur Bildung des Schilddrüsenhormons … benötigt.
3. Besonders viel Jod enthält …
4. Der tägliche Jodbedarf beträgt 200 …
5. Wenn Salz, dann …
6. Deutschland gehört zu den …
7. Eine Unterfunktion der Schilddrüse … den Grundumsatz.
8. … ist besser als heilen.
9. Beim Bäcker nachfragen, ob das … mit Jodsalz gebacken wurde.
10. Während der Eiszeit wurde der Boden ausgewaschen, das Jod gelangte ins …
11. Fisch aus … enthält wenig Jod.
12. Bei Jodmangel kommt es zu einer Schilddrüsen …
13. … ist eine besonders jodreiche Fischsorte.
14. … ist ebenfalls eine jodreiche Fischsorte.
15. Fisch gehört … auf den Speiseplan.
16. Meersalz enthält … ausreichenden Mengen an Jod.
17. Jodtabletten nur nach Absprache mit dem … einnehmen.

7.24 Gesund durch weniger Fett

Datum:

Wir ordnen Lebensmittel nach ihrem Fettgehalt.

1. Schreibe die Namen der abgebildeten Lebensmittel geordnet in die Liste unter der Abbildung. Welche der abgebildeten Lebensmittel enthalten a) viel Fett,   b) wenig Fett?

a) Viel Fett enthalten:

- ② Speck
- ⑥ Nüsse
- ⑩ Sahne
- ⑬ Margarine
- ⑯ Wurst
- ⑱ Öl
- ⑤ Aal
- ⑧ Sahnetorte
- ⑪ Ei
- ⑮ Schokolade
- ⑰ Butter
- ⑳ Schnittkäse

b) Wenig Fett enthalten:

- ① Milch
- ④ Forelle
- ⑨ Geflügel
- ⑭ Quark
- ③ Bonbons
- ⑦ Apfel
- ⑫ Möhre
- ⑲ Brot/Brötchen

Auch durch die Zubereitung kann der Fettgehalt – Energiegehalt – der Speisen erhöht werden.

2. Nenne fettarme Kartoffelbeilagen: Salzkartoffeln, Pellkartoffeln, Backkartoffeln, Kartoffelbrei

Nenne fettreiche Kartoffelbeilagen: Pommes frites, Kroketten, Kartoffelgratin, Kartoffelpuffer

3. Mache Vorschläge, wie der Fettgehalt der fettreichen Kartoffelbeilagen gesenkt werden kann:

Pommes im Backofen, Kroketten im Grill, Kartoffelgratin ohne Sahne, Kartoffelpuffer weniger Fett zum Braten und auf Küchenpapier abtropfen lassen

Eine zu hohe Fettaufnahme führt zu Übergewicht.

4. Nenne Krankheiten, deren Entstehung durch Übergewicht ausgelöst bzw. begünstigt wird.

Zuckerkrankheit, Herz- und Kreislauferkrankungen, z.B. Bluthochdruck, Bronchitis

7.25 Fit durch kleine Mahlzeiten

Datum:

1. Markiert auf den „Uhrzeit-Linien" (6, 9, 12 usw.), wie hoch ihr eure Leistungsfähigkeit jeweils schätzt. Zeichnet mit Bleistift den Verlauf eurer Tagesleistungskurve durch die von euch eingezeichneten Punkte. Vergleicht den Verlauf und stellt Gemeinsamkeiten fest.

2. Trage mit einem blauen Stift den Verlauf der allgemeingültigen Leistungskurve – bei der Einnahme von drei Mahlzeiten – ein, indem du die hellen Punkte miteinander verbindest.

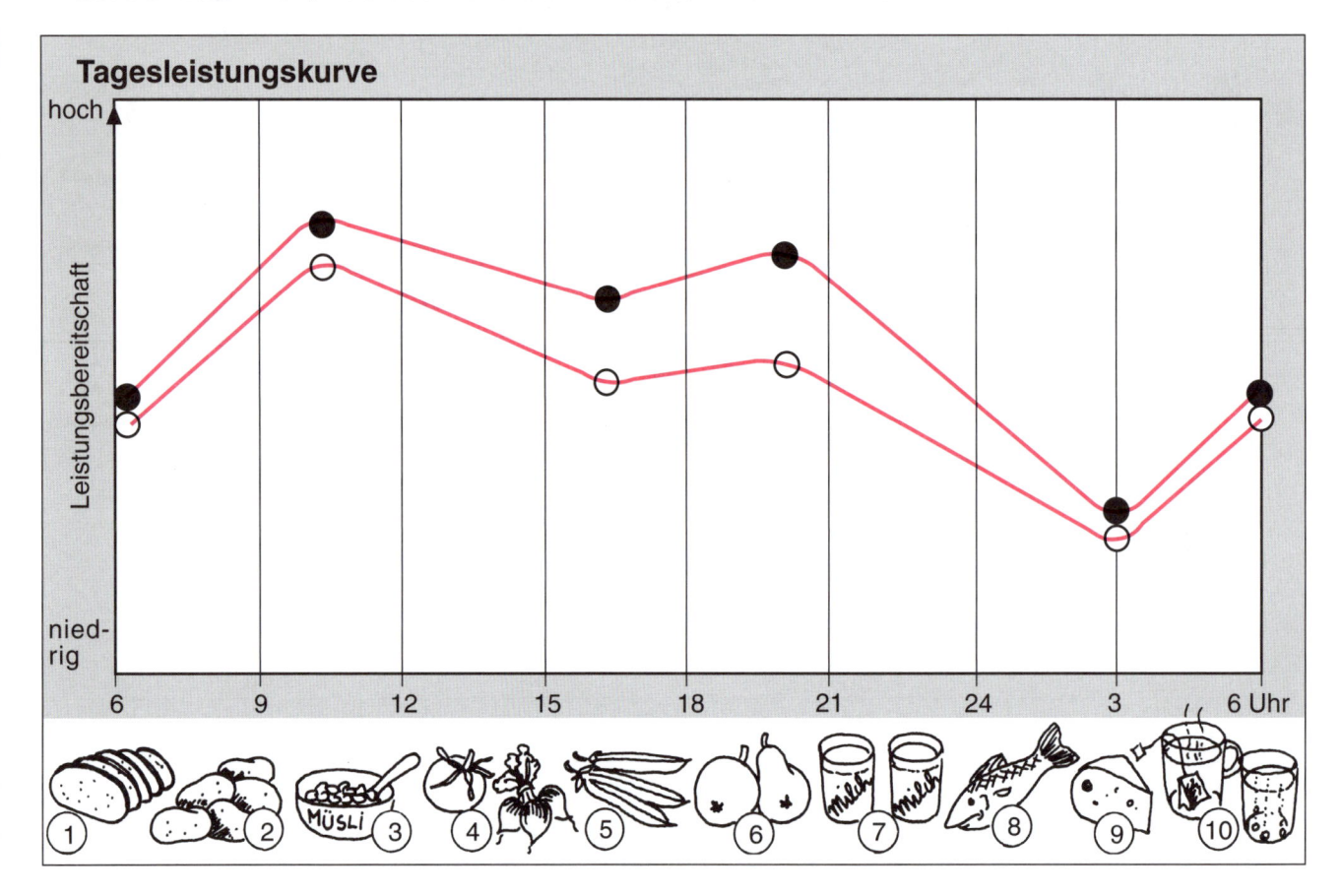

3. Nenne Zeiten hoher Leistungsbereitschaft: 10 Uhr, 20 Uhr

4. Nenne Zeiten geringer Leistungsbereitschaft: 6 Uhr, 16 Uhr, 3 Uhr

5. Stelle aus den abgebildeten Lebensmitteln fünf Mahlzeiten zusammen.

   1. Frühstück: ③ Müsli   ⑦ Milch   ⑩ Tee

   2. Frühstück: ⑥ Obst   ⑦ Milch

   Mittagessen: ② Kartoffeln   ⑤ Gemüse   ⑧ Fisch

   Kaffee: ⑩ Tee   ⑥ Obst

   Abendbrot: ① Brot   ⑨ Käse   ④ Salat   ⑩ Getränk

6. Trage mit einem roten Stift die allgemeingültige Leistungskurve – bei der Einnahme von fünf kleinen Mahlzeiten – ein, indem du die dunklen Punkte miteinander verbindest.

   Was stellst du fest? Fünf kleinere Mahlzeiten ermöglichen eine größere Leistungsfähigkeit.

7.26 Wir stellen ein Frühstück zusammen

Datum:

Wir stellen ein Frühstück für Claudia Meier zusammen.

Claudia Meier benötigt zum Frühstück	Energie		Eiweiß	Fett	Kohlenhydrate
	2350 kJ	560 kcal	21 g	19 g	76 g

Wähle von den hier genannten Lebensmitteln oder Speisen aus und trage die Werte in die unten stehende Liste ein. Versuche dabei, Claudias Bedarf möglichst genau zu decken.

Lebensmittel / Speisen	Energie kJ	kcal	Eiweiß g	Fett g	Kohlenhydrate g
1 Glas Trinkmilch (200 g)	550	131	7	7	10
1 Glas Kakaotrunk (200 g)	500	119	7	1	20
1 Glas Orangensaft (100 g)	200	48	1	0	11
1 Tasse Tee mit Zucker	180	43	0	0	10
1 Brötchen	450	107	3	+	23
1 Scheibe Knäckebrot	160	38	1	+	8
1 Scheibe Toastbrot	215	51	2	+	10
1 Scheibe Vollkornbrot	380	90	3	+	18
1 Scheibe Mischbrot	510	121	3	+	25
1 Hühnerei	370	88	7	6	1
1 Scheibe Gouda	485	115	8	9	+
1 Portion Kräuterquark	435	104	7	6	4
1 Scheibe Cervelatwurst	395	94	3	9	0
1 Portion Leberwurst	550	131	4	12	0
1 TL Konfitüre (10 g)	105	25	0	0	6
1 EL Honig (20 g)	280	67	0	0	16
1 TL Butter (4 g)	125	30	+	3	+
1 EL Margarine (10 g)	300	71	+	8	+
½ Pampelmuse	235	56	1	0	13
1 Tomate	50	12	+	0	2
1 Banane	580	138	1	0	32
1 Portion Müsli	1575	375	5	10	62
1 Portion Cornflakes mit Joghurt und Obst	1250	298	10	6	51

Frühstück für Claudia Meier

Lebensmittel / Speisen	Energie kJ	Eiweiß g	Fett g	Kohlenhydrate g
1 Portion Cornflakes mit Joghurt und Obst	1250	10	6	51
1 Scheibe Vollkornbrot	380	3	+	18
1 TL Butter	125	+	3	+
1 Scheibe Cervelatwurst	395	3	9	0
1 Glas Orangensaft (200 g)	400	2	0	22
Insgesamt	2550	18	18	91

(Die Schüler können weitere Lösungsmöglichkeiten zusammenstellen.)

Vollwertige Ernährung

7.27 Wir überprüfen die Energie- und Nährstoffzufuhr

Datum:

Die DGE empfiehlt, dass ein 15-jähriger Jugendlicher täglich 13000 kJ zu sich nehmen sollte.

1. Berechne die tägliche
   a) Gesamtenergiezufuhr, b) Eiweißzufuhr, c) Fettzufuhr,
   d) Kohlenhydratzufuhr.
2. Welche Nährstoffe nimmt Michael
   a) zu viel, b) zu wenig auf?
   Übertrage die Grammangaben in die entsprechenden Spalten.
3. Mache Verbesserungsvorschläge.
   Wie kann Michael sich gesünder ernähren?

Nun, wollen wir's genau wissen!

Tageskostplan: Michael, 15 Jahre, Körpergewicht 64 kg
Gesamtenergiebedarf 13000 kJ

	Menge	Lebensmittel	Energie kJ	kcal	Eiweiß g	Fett g	Kohlenhydrate g
1. Frühstück	40 g	Brötchen, Semmel (1 Stück)	426	101	3	1	20
	50 g	Roggenvollkornbrot (1 Scheibe)	428	102	3	1	21
	25 g	Butter	775	185	+	21	0
	60 g	Hühnerei (1 Stück)	370	88	7	6	1
	30 g	Doppelrahmfrischkäse (1 Portion)	497	118	5	11	1
	50 g	Schinken, gekocht (1 Scheibe)	553	132	10	10	+
	20 g	Konfitüre	224	53	+	0	13
	250 g	Früchtetee	0	0	0	0	0
		Istzufuhr 1. Frühstück	3273	779	28	50	56
2. Frühstück	50 g	Vollmilchschokolade (½ Tafel)	1160	276	5	16	27
		Istzufuhr 2. Frühstück	1160	276	5	16	27
Mittagessen	150 g	Schweineschnitzel (1 großes Stück)	653	155	32	3	+
	10 g	Maiskeimöl (1 EL)	370	88	0	10	0
	200 g	Kartoffelsalat mit Öl	770	183	4	6	30
	200 g	Bohnensalat	420	100	2	5	10
	75 g	Eiscreme	671	160	3	9	16
	30 g	Schlagsahne	381	90	1	9	1
		Istzufuhr Mittagessen	3265	776	42	42	57
Nachmittag	50 g	Kartoffelchips (kleine Tüte)	1180	281	3	20	21
	330 g	Cola-Getränk (1 Dose)	611	145	0	0	36
		Istzufuhr Nachmittag	1791	426	3	20	57
Abendessen	40 g	Roggenmischbrot (1 Scheibe)	362	86	2	+	18
	50 g	Roggenvollkornbrot (1 Scheibe)	428	102	3	1	21
	25 g	Margarine	743	177	+	20	0
	25 g	Leberwurst, grob (1 Portion)	445	106	3	10	+
	30 g	Edamer Käse, 45% Fett i. Tr. (1 Scheibe)	443	105	7	8	1
	70 g	Tomate (1 Stück)	49	12	1	+	2
	250 g	Kräutertee	0	0	0	0	0
		Istzufuhr Abendessen	2470	588	16	39	42
		Gesamt-Istzufuhr	11959 (–)	2845	94 (–)	167 (+)	239 (–)
		Gesamt-Sollzufuhr	13000	3100	115	105	421

58 Vollwertige Ernährung

handwerk-technik.de

7.28 Schwedenrätsel – Zusatzstoffe und Schadstoffe

Datum:

1. Suche in dem Rätsel nach 32 Begriffen.
2. Ermittle zwei Oberbegriffe.
3. Unterteile die Begriffe nach den beiden Oberbegriffen.
4. Ergänze jeweils Lebensmittel, die die genannten Stoffe enthalten.

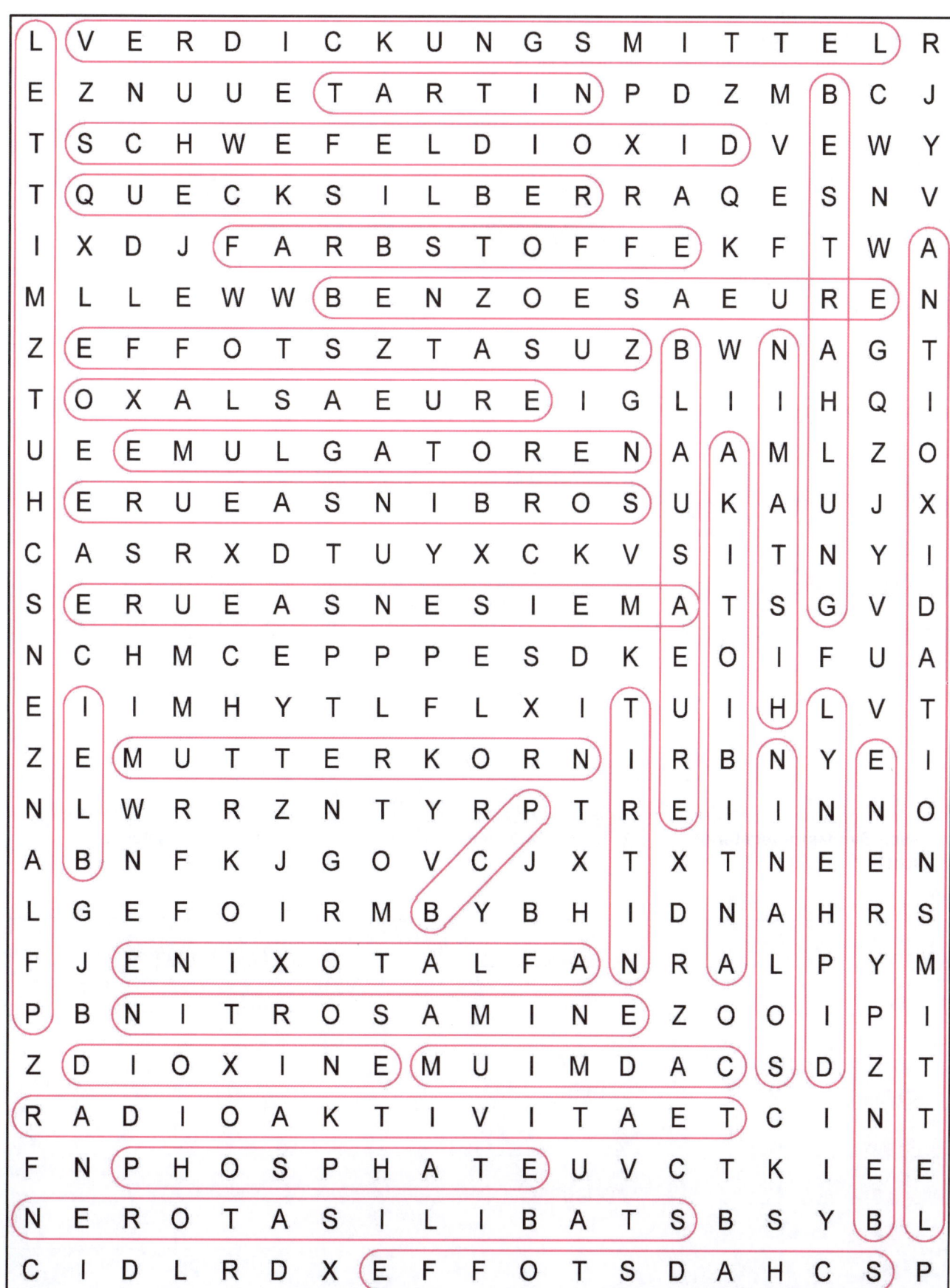

L	V	E	R	D	I	C	K	U	N	G	S	M	I	T	T	E	L	R
E	Z	N	U	U	E	T	A	R	T	I	N	P	D	Z	M	B	C	J
T	S	C	H	W	E	F	E	L	D	I	O	X	I	D	V	E	W	Y
T	Q	U	E	C	K	S	I	L	B	E	R	R	A	Q	E	S	N	V
I	X	D	J	F	A	R	B	S	T	O	F	F	E	K	F	T	W	A
M	L	L	E	W	W	B	E	N	Z	O	E	S	A	E	U	R	E	N
Z	E	F	F	O	T	S	Z	T	A	S	U	Z	B	W	N	A	G	T
T	O	X	A	L	S	A	E	U	R	E	I	G	L	I	I	H	Q	I
U	E	E	M	U	L	G	A	T	O	R	E	N	A	A	M	L	Z	O
H	E	R	U	E	A	S	N	I	B	R	O	S	U	K	A	U	J	X
C	A	S	R	X	D	T	U	Y	X	C	K	V	S	I	T	N	Y	I
S	E	R	U	E	A	S	N	E	S	I	E	M	A	T	S	G	V	D
N	C	H	M	C	E	P	P	P	E	S	D	K	E	O	I	F	U	A
E	I	I	M	H	Y	T	L	F	L	X	I	T	U	I	H	L	V	T
Z	E	M	U	T	T	E	R	K	O	R	N	I	R	B	N	Y	E	I
N	L	W	R	R	Z	N	T	Y	R	P	T	R	E	I	N	N	N	O
A	B	N	F	K	J	G	O	V	C	J	X	T	X	T	N	E	E	N
L	G	E	F	O	I	R	M	B	Y	B	H	I	D	N	A	H	R	S
F	J	E	N	I	X	O	T	A	L	F	A	N	R	A	L	P	Y	M
P	B	N	I	T	R	O	S	A	M	I	N	E	Z	O	O	I	P	I
Z	D	I	O	X	I	N	E	M	U	I	M	D	A	C	S	D	Z	T
R	A	D	I	O	A	K	T	I	V	I	T	A	E	T	C	I	N	T
F	N	P	H	O	S	P	H	A	T	E	U	V	C	T	K	I	E	E
N	E	R	O	T	A	S	I	L	I	B	A	T	S	B	S	Y	B	L
C	I	D	L	R	D	X	E	F	F	O	T	S	D	A	H	C	S	P

7.29 Was essen Vegetarier?

Datum:

Ein vegetarisches Restaurant soll eröffnet werden.
Auf der Speisekarte soll verzeichnet werden, ob das Gericht auch für Veganer geeignet ist.
Hierfür muss zunächst ermittelt werden, welche Lebensmittel Ovo-lakto-Vegetarier bzw. Veganer essen bzw. nicht essen.

Schreibe die Namen der abgebildeten Lebensmittel geordnet in die Liste unten.
1. *Welche Lebensmittel essen Ovo-lakto-Vegetarier nicht?*
2. *Welche Lebensmittel essen Veganer zusätzlich nicht?*
3. *Welche Lebensmittel essen alle Vegetarier?*
4. *Ergänze weitere Lebensmittel in den drei Spalten.*

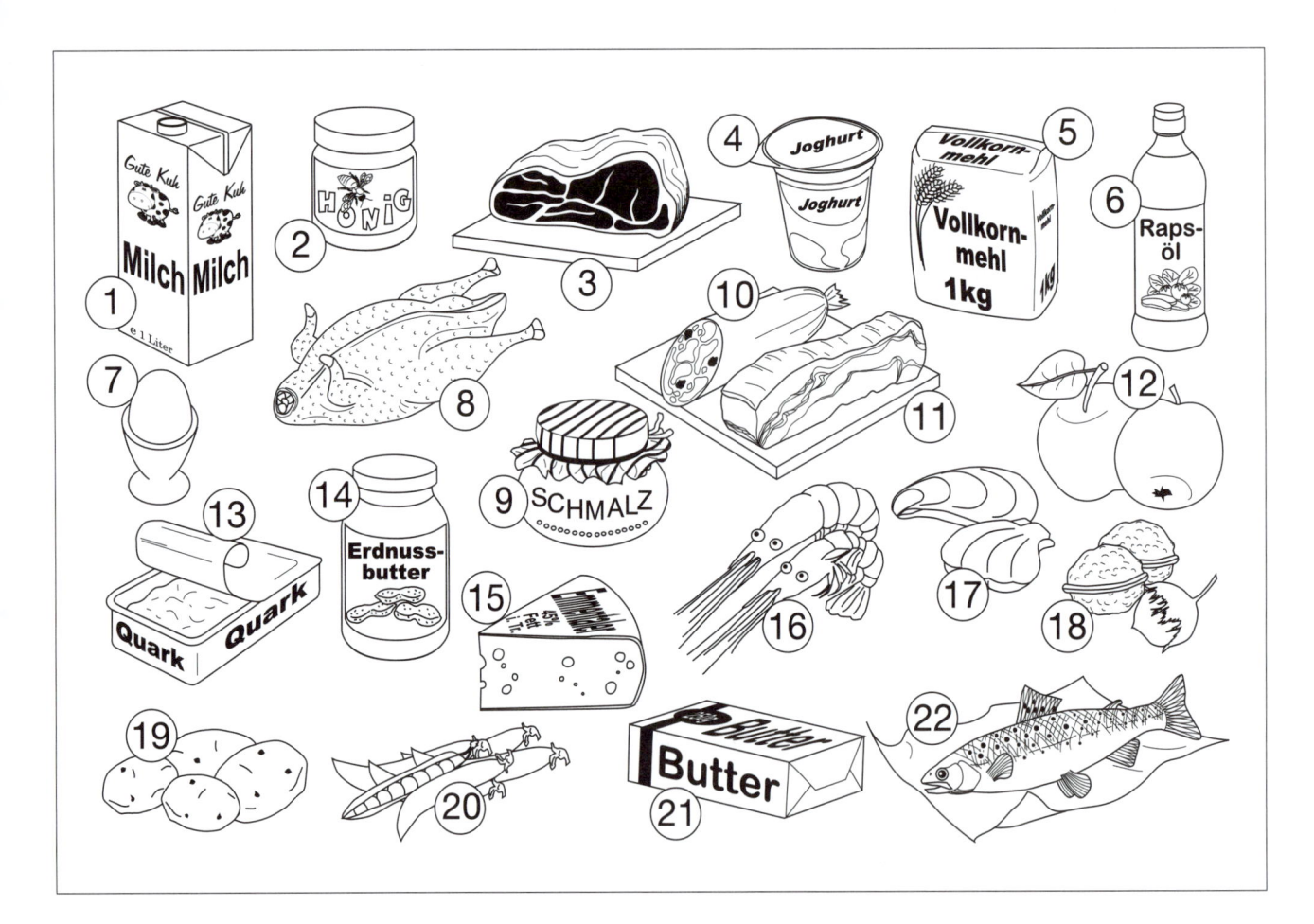

1. Essen Ovo-lakto-Vegetarier nicht	2. Essen Veganer zusätzlich nicht	3. Essen alle Vegetarier
⑧ Hähnchen	② Honig	⑥ Rapsöl
㉒ Fisch	① Milch	⑭ Erdnussbutter
⑩ Wurst	⑮ Käse	⑳ Erbsen
⑰ Muscheln	⑬ Quark	⑤ Vollkornmehl
⑨ Schmalz	⑦ Eier	⑫ Äpfel
⑪ Speck	㉑ Butter	⑲ Kartoffeln
⑯ Garnelen	④ Joghurt	⑱ Nüsse
③ Fleisch		

7.30 Ernährungsform – Kreuzworträtsel

Datum:

Wir suchen eine Ernährungsform – 1 waagerecht: ergibt das Lösungswort (Ä, Ö, Ü = jeweils 1 Buchstabe)

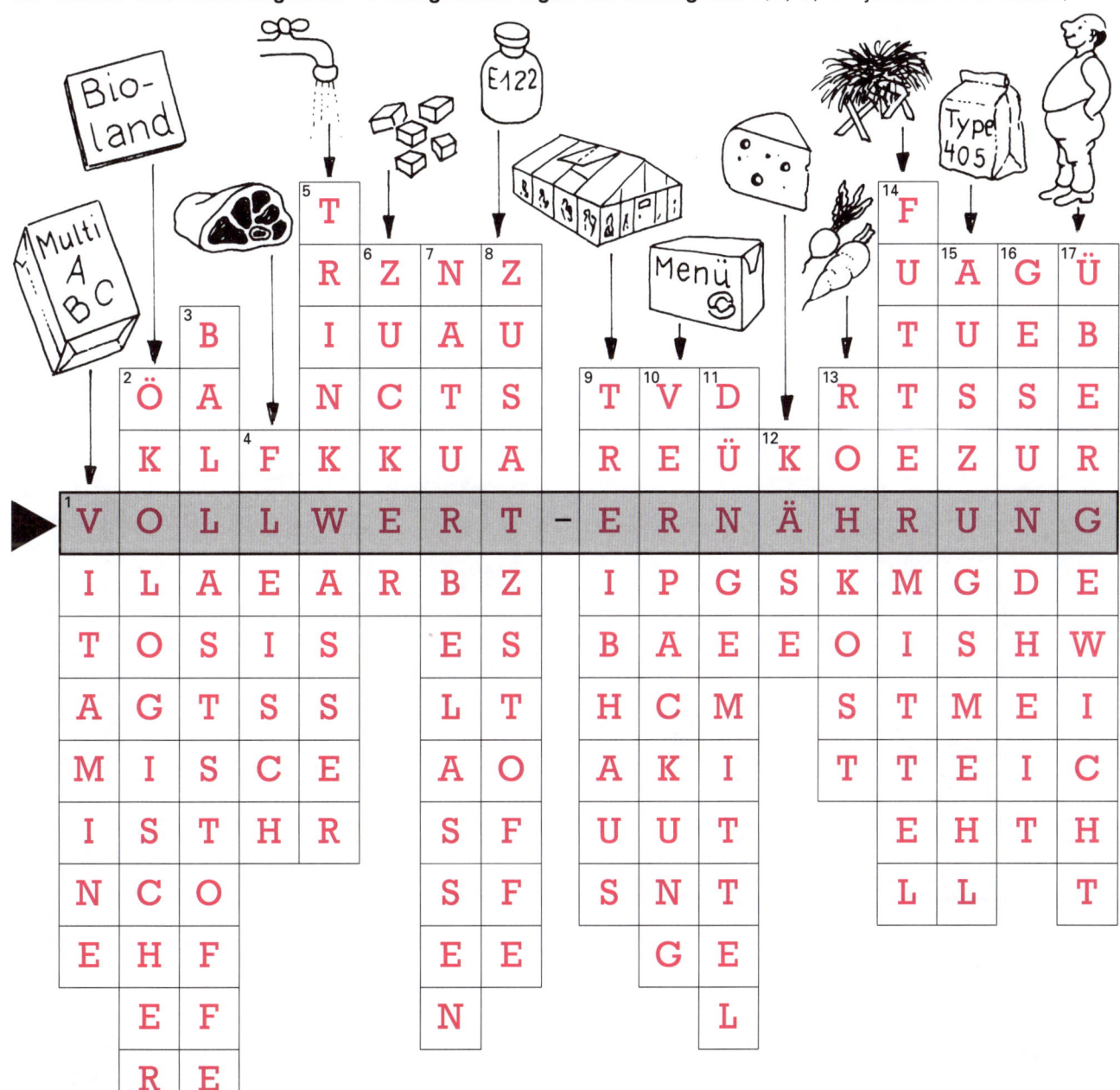

Lösungswort (1 waagerecht): VOLLWERT-ERNÄHRUNG

Senkrechte Lösungen:

1. VITAMINE
2. ÖKOLANDBAU
3. BALLASTSTOFFE
4. FLEISCH
5. TRINKWASSER
6. ZUCKER
7. NATURBELASSEN
8. ZUSATZSTOFFE
9. TREIBHAUS
10. VERPACKUNG
11. DÜNGEMITTEL
12. KÄSE
13. ROH
14. FUTTERMITTEL
15. AUSZUGSMEHL
16. GESUNDHEIT
17. ÜBERGEWICHT

Senkrecht

1. Sind in Obst und Gemüse reichlich enthalten
2. Name für umweltfreundlichen landwirtschaftlichen Anbau
3. Nahrungsbestandteile, die die Verdauung anregen
4. Für die Erzeugung dieses tierischen Lebensmittels wird viel Energie benötigt
5. Hiervon werden pro Person täglich 145 l benötigt
6. Häufiger Verzehr dieses Lebensmittels führt zu Karies
7. Begriff für unbehandelte – natürliche – Lebensmittel
8. Farbstoffe und Konservierungsstoffe werden auch so bezeichnet
9. Gemüse wird hierin – unter hohem Energieverbrauch – angebaut
10. Dieses Material ist meist mit dem Grünen Punkt versehen
11. Werden ausgebracht, um pflanzliche Erträge zu steigern
12. Wird aus Milch unter Säure- oder Labzusatz hergestellt
13. Gemüse sollte häufig in dieser Form verzehrt werden
14. Werden häufig für die Ernährung von Tieren aus Entwicklungsländern importiert
15. Mehl, das aus dem Mehlkörper hergestellt wird
16. Wird durch diese Ernährungsform verbessert
17. Folge einer falschen – fettreichen – Ernährung

Vollwertige Ernährung

7.31 Übergewicht entwickelt sich durch falsche Essgewohnheiten

Datum:

1. Nenne mögliche Ursachen für das Übergewicht der abgebildeten Personen.

Reste aufessen müssen.

Unkontrolliertes Essen beim Fernsehen.

Falsche Lebensmittelauswahl, z. B. Pommes frites, Fast Food.

Naschen, Essen als Ersatz für soziale Kontakte, als Trost.

Zu schnelles Essen, man merkt nicht, dass man bereits satt ist.

Unregelmäßige Mahlzeiten, zwischendurch naschen.

2. Diese Personen haben viele Begründungen / Entschuldigungen für ihr Übergewicht. Trage jeweils passende Äußerungen in die Sprechblasen ein.

- Ich fühle mich sonst so leer!
- Bei uns ist es genetisch bedingt!
- Meine Figur ist mein Schicksal!
- Ach, sieht der gesund aus!

3. Nenne a) gesundheitliche, b) soziale Folgen, die durch Übergewicht entstehen können.

a) Überbeanspruchung des Knochengerüstes, Veränderungen an Wirbelsäule, Knien und Füßen; Überbeanspruchung von Herz und Kreislauf; Stoffwechselerkrankungen: Zuckerkrankheit, Störungen des Fettstoffwechsels; erhöhte Unfallgefahr.

b) Fehlende soziale Kontakte, Minderwertigkeits- und Schuldgefühle

7.32 Magersucht – Internetrecherche

Datum:

1. Gib die Suchbegriffe Magersucht und BMI in eine Suchmaschine ein. Ermittle, bei welchem BMI Magersucht beginnt.

Magersucht beginnt bei dem BMI 17,5.

2. Suche im Internet eine Begriffserklärung für Magersucht.
a) Welche Begriffe gibst du dazu in die Suchmaschine ein?

Magersucht Begriffserklärung

b) Fasse die gefundenen Informationen zusammen.

Magersucht ist eine schwerwiegende Essstörung, bei der sich der Betroffene in einigen Fällen buchstäblich zu Tode hungert. Selbst wenn sie bereits erhebliches Untergewicht aufweisen, halten die Betroffenen sich für übergewichtig.

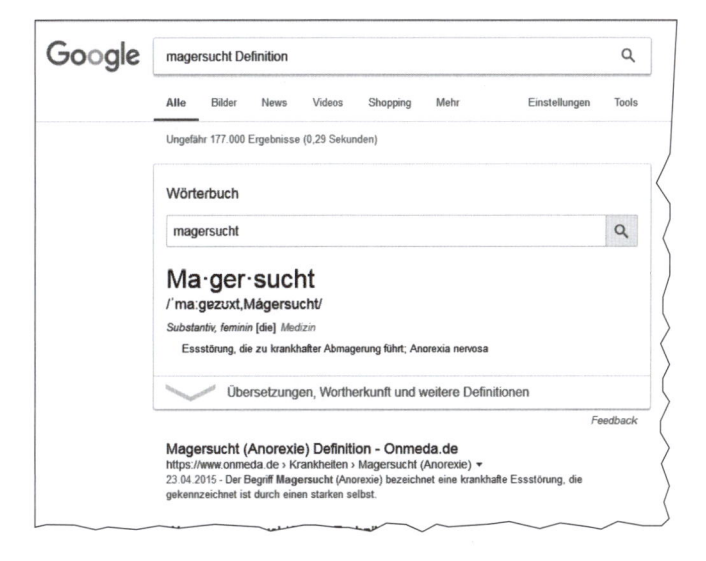

3. Ermittle vier Hauptkennzeichen der Magersucht.

Kontrollieren ihr Gewicht ständig. Betreiben übermäßig Sport.

Haare und Nägel werden brüchig.

Konzentrationsfähigkeit ebenso wie die allgemeine Leistungsfähigkeit nehmen ab.

4. 15 % der Magersüchtigen sterben. Ermittle drei hauptsächliche Todesursachen.

Plötzlicher Herztod, Nierenversagen, Selbstmord

5. Suche im Internet nach Hilfsangeboten für Magersüchtige. Drucke ein Hilfsangebot aus, das Magersüchtige an deinem Wohnort nutzen können.

6. Schreibe einen Brief an eine Magersüchtige, die dich um Hilfe gebeten hat.

unterschiedliche Texte

7.33 Bewusstes Ernährungsverhalten – Lückentext

Ergänze die folgenden Regeln für ein bewusstes Ernährungsverhalten.

Feststellen, was man täglich isst

Aufschreiben, was man täglich isst, dadurch können Ernährungsfehler entdeckt werden. Eine Liste mit energiearmen Lebensmitteln zusammenstellen, so können diese Lebensmittel bei Heißhunger gegessen werden.

Eine Einkaufsliste erstellen, möglichst schmackhafte und energiearme Lebensmittel besorgen.

Ernährungsgewohnheiten langsam umstellen

Z. B. nur noch kleine Portionen der Lieblingsspeisen essen, bei der Zubereitung Fett einsparen. Den Teller nur einmal und nie ganz voll füllen, so wird nicht über den Hunger gegessen.

Die Mahlzeiten genießen

Für einen schön gedeckten Tisch, appetitlich angerichtete Speisen und eine freundliche Stimmung sorgen, so wird nicht aus Frust zu viel gegessen.

Langsam essen, kleine Bissen und Schlucke nehmen – gründlich kauen, auf Geschmack und Sättigung achten. Die Mahlzeit sollte etwa 30 Minuten dauern.

Nicht unkonzentriert essen

Regelmäßig – zu festgelegten Zeiten – kleine Mahlzeiten einnehmen. Nicht zwischendurch essen. Immer am gleichen Platz essen. Während des Essens weder Zeitung lesen noch fernsehen. Nicht aus Langeweile essen, sondern nur essen, wenn man wirklich Hunger hat. Nicht mit Lebensmitteln trösten, beruhigen oder loben, sondern mit anderen Dingen, z. B. einer gemeinsamen Radtour, für eine gute Stimmung sorgen.

Verlockungen widerstehen

Keine Knabbereien in der Wohnung herumstehen haben.

Radieschen, Gurken, Möhren usw. für den Heißhunger vorrätig haben.

Keinen Alkohol zu den Mahlzeiten trinken, da Alkohol den Appetit anregt.

Körperliche Bewegung

Regelmäßig Sport treiben. Durch Bewegung wird das Gewicht gesenkt und Herz und Kreislauf bleiben gesund.

Ernährungstraining

Sich eventuell einer Gruppe anschließen. Erfahrungsaustausch in der Gruppe kann den Erfolg erhöhen.

8 Haushalt und Wirtschaften
8.1 Wirtschaftskreislauf

Datum:

1. Stelle den Güterstrom und den Geldstrom zwischen Meiers und dem Radio-Fachgeschäft dar, indem du die Zeichnung ergänzt.

Frau Meier arbeitet halbtags im Büro eines Radio-Fachgeschäftes, hierfür erhält sie ein Einkommen. Claudia kauft in dem Fachgeschäft eine Schallplatte. Frau Meier gibt ihren Radioapparat dort zur Reparatur.
Male den Güterstrom grün an.
Male den Geldstrom rot an.

Arbeit

Einkommen

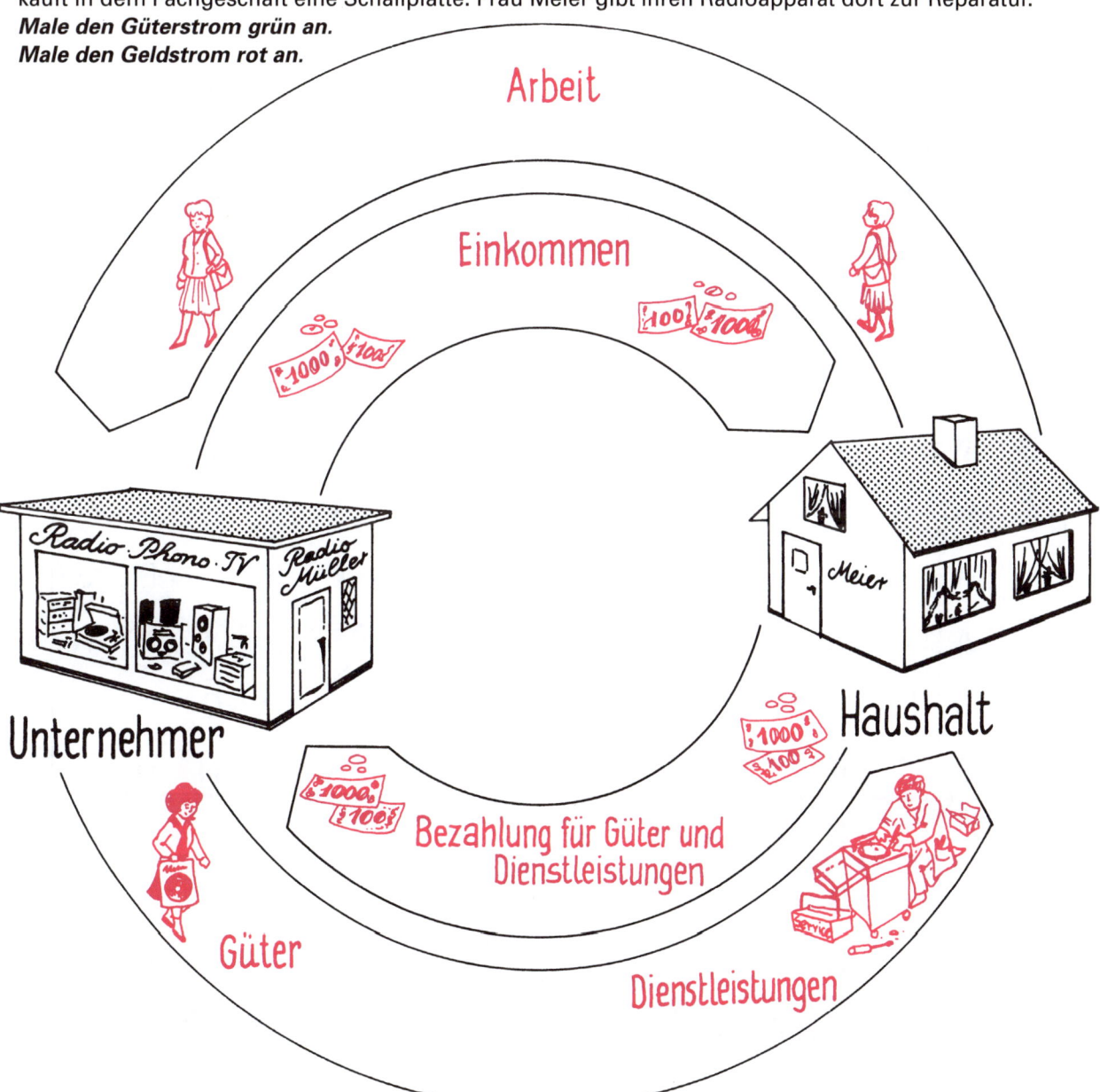

Unternehmer

Haushalt

Bezahlung für Güter und Dienstleistungen

Güter

Dienstleistungen

2. Beschreibe den Güterstrom und den Geldstrom.

Güterstrom: Frau Meier stellt ihre Arbeit dem Radio-Fachgeschäft zur Verfügung. Claudia kauft in dem Fachgeschäft eine Schallplatte. Frau Meier gibt ihr Radio dort zur Reparatur.

Geldstrom: Frau Meier erhält für ihre Arbeit ein Einkommen von dem Radio-Fachgeschäft. Claudia muss für die Schallplatte und Frau Meier für die Reparatur Geld an das Fachgeschäft zahlen.

8.2 Schwedenrätsel – Wirtschaften

Datum:

1. Suche in dem Rätsel nach 30 Begriffen.
2. Notiere das Thema des Rätsels in der Überschrift.
3. Ordne die Begriffe nach den Oberbegriffen.
4. Schreibe einen lustigen und fachlich richtigen Text zu dem Thema, verwende dabei möglichst viele Begriffe.

D	R	U	N	E	T	J	G	E	I	N	K	O	M	M	E	N
X	E	B	E	S	M	O	N	L	A	K	H	Z	V	B	C	K
R	T	J	G	S	Q	E	U	L	I	U	X	I	N	L	L	C
I	E	O	N	I	U	M	T	E	E	L	W	E	P	N	E	U
P	U	Z	U	N	R	A	I	W	S	T	F	A	O	R	O	M
R	G	V	T	F	E	L	E	R	S	U	E	M	S	G	Z	H
E	S	H	S	R	T	L	Z	E	I	R	B	T	Y	S	I	C
T	H	A	I	E	E	I	Z	U	N	B	E	E	F	I	E	S
A	C	A	E	U	U	V	I	A	F	E	R	S	E	I	H	R
E	U	R	L	D	G	L	M	D	R	D	B	O	O	O	T	P
H	A	S	T	E	S	K	M	T	E	U	Z	A	T	H	U	B
T	R	C	S	B	H	I	E	E	U	E	P	U	G	S	T	V
Z	B	H	N	D	C	Z	R	L	D	R	A	T	R	S	J	C
R	R	N	E	N	U	D	B	E	E	F	R	K	T	O	U	F
E	E	I	I	U	A	S	U	F	B	N	F	S	T	H	V	A
M	V	T	D	R	R	B	E	O	S	I	U	U	E	C	I	O
M	J	T	Z	G	B	E	C	N	U	S	E	T	B	S	U	R
U	X	L	O	V	E	D	H	J	X	S	M	P	Y	I	Y	S
H	A	F	Y	D	G	A	E	I	U	E	C	I	D	T	U	F
F	G	C	Y	C	C	R	R	Z	L	F	Q	V	T	X	E	Y
G	M	E	N	M	V	F	D	R	R	T	K	E	S	W	E	R

Haushalt und Wirtschaften

8.3 Haushaltsbuch

Familie Meier hat beschlossen, ein Haushaltsbuch zu führen.
Vom 1. bis 6. März hatten sie folgende Einnahmen und Ausgaben.

1. März	Gehalt	1997,00 €
1. März	Miete	432,00 €
1. März	Taschengeld für Claudia	3,00 €
2. März	Abgaben von Manfred für Wohnung und Essen	75,00 €
2. März	Supermarkt	38,40 €
3. März	Blumen	2,49 €
4. März	Benzin	20,00 €
4. März	Zeitung	18,00 €
4. März	Sparen	200,00 €
5. März	Kino	8,00 €
5. März	Fleisch	12,60 €
5. März	Briefmarken	3,80 €
6. März	Bluse	19,50 €
6. März	Waschmittel	4,99 €
6. März	Strom	48,00 €

1. *Welche Ausgabengruppen werden in dem Haushaltsbuch unterschieden?*

   Lebensmittel (Nahrungs- und Genussmittel), Wohnen, Bekleidung, Gesundheits- und

   Körperpflege, Freizeit und Bildung, Verkehr und Post, Sonstiges

2. *Übertrage die Einnahmen der Familie Meier in das Haushaltsbuch.*

3. *Wie hoch ist die Summe der Einnahmen der Familie Meier?*

   Summe der Einnahmen ____2 072,00____ €

4. *Trage die Ausgaben der Familie Meier jeweils in die richtigen Spalten des Haushaltsbuches ein.*

5. *Wie hoch ist die Summe der Ausgaben der Familie Meier vom 1. bis 6. März?*

   Summe der Ausgaben ____810,78____ €

6. *Wie hoch ist der Kassenbestand?*

   Kassenbestand am 6. März: ____1 261,22____ €

7. *Warum ist es für Familie Meier von Vorteil, wenn sie ein Haushaltsbuch führt?*

   • Einnahmen und Ausgaben können von Familie Meier besser aufeinander abgestimmt werden.

   • Familie Meier kann feststellen, für welche Ausgabengruppen sie besonders viel Geld ausgibt, und überlegen, ob sie hier etwas einsparen kann.

   • Das vorhandene Geld kann besser eingeteilt werden.

   • Es kommt nicht so leicht zur Verschuldung.

Haushaltsbuch Meier   Monat: März   Datum:

Datum	Konto Bezeichnung	Einnahmen € | ct	Kassenbestand € | ct	Ausgaben € | ct	Ausgaben — Lebensmittel Nahrungsmittel € | ct	Lebensmittel Genussmittel € | ct	Wohnen € | ct	Bekleidung € | ct	Gesundheits- u. Körperpflege € | ct	Freizeit, Bildung € | ct	Verkehr, Post Private Verkehrsmittel € | ct	Verkehr, Post Öffentl. Verkehrsmittel, Telef. u. Ä. € | ct	Sonstiges € | ct
1	2	3	4	5	6	7	8	9	10	11	12	13	14
1.	Gehalt	1997 00	1997 00										
	Miete		1565 00	432 00			432 00						
	Taschengeld		1562 00	3 00									3 00
2.	Abgabe	75 00	1637 00										
	Supermarkt		1598 60	38 40	38 40								
3.	Blumen		1596 11	2 49									2 49
4.	Benzin		1576 11	20 00							20 00		
	Zeitung		1558 11	18 00						18 00			
	Sparen		1358 11	200 00									200 00
5.	Kino		1350 11	8 00						8 00			
	Fleisch		1337 51	12 60	12 60								
	Briefmarken		1333 71	3 80								3 80	
6.	Bluse		1314 21	19 50				19 50					
	Waschmittel		1309 22	4 99			4 99						
	Strom		1261 22	48 00			48 00						
	Summe	2072 00	1261 22	810 78	51 00		484 99	19 50	15 00	26 00	20 00	3 80	205 49

8.4 Wasser und Energie sparen

Datum:

1. Was wird hier falsch gemacht?
2. Beschreibe, wie man es richtig macht.

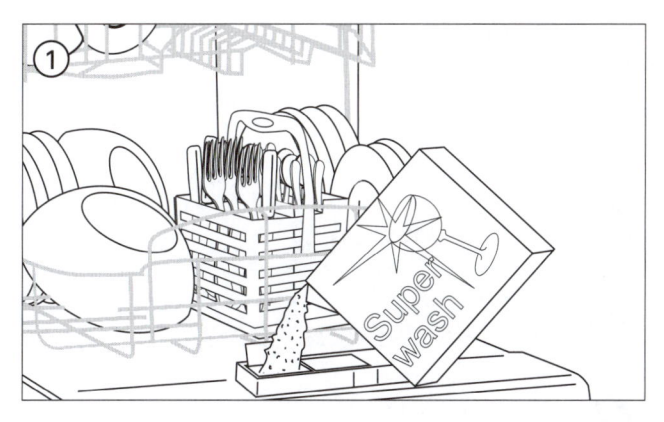

① Reinigungsmittel genau dosieren – sparsam verwenden.

④ Speisereste und Abfälle gehören nicht in das Abwasser – die Toilette.

② Generell im geschlossenen Topf garen.

⑤ Speisen nur abgekühlt in Kühlgeräte oder Gefriergeräte geben.

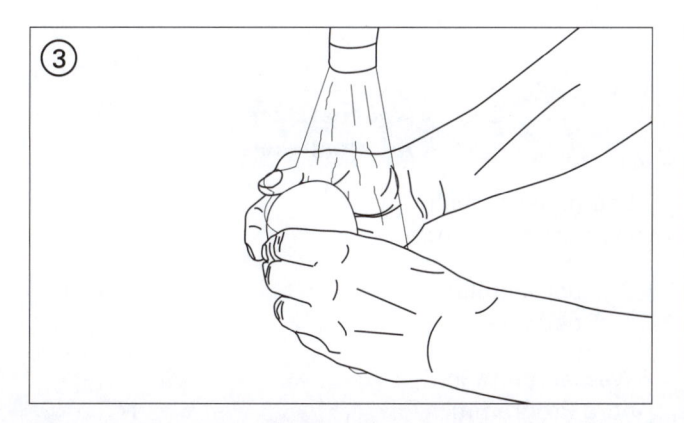

③ Lebensmittel möglichst in stehendem Wasser, nicht unter laufendem Wasserhahn waschen.

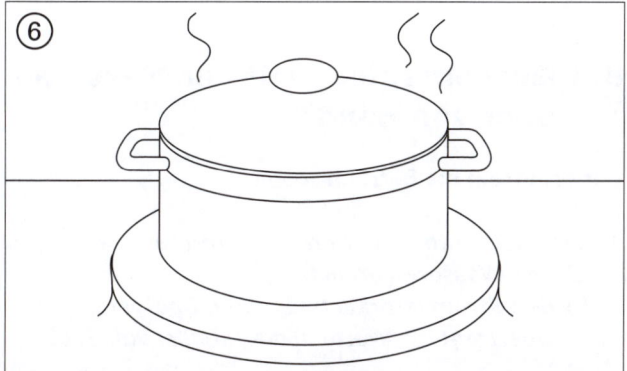

⑥ Auf die richtige Topfgröße achten, bei zu kleinen Töpfen geht Energie verloren.

8.5 Wir arbeiten mit einem Sachwortverzeichnis

Datum:

1. Suche zu jedem Buchstaben einen möglichst schwierigen Begriff.
   Das Sachwortverzeichnis deines Buches kann dir bei dieser Arbeit behilflich sein.

2. Die Begriffe werden dann vorgelesen und von der restlichen Klasse erklärt.
   Also vorsichtig, du musst selbst die Bedeutung des Begriffes kennen.

Aleuronschicht

Betriebsmittel

Cherimoya

Disstress

Energielabel

Fremdfinanzierung

Gentechnik

Haushaltsbuchführung

Induktionskochstelle

Jod

Kapitallebensversicherung

Lakto-Vegetarier

Myzel

Nachbesserung

Oberflächenspannung

Pflanzenstoffe, sekundäre

Quellwasser

Reduktionsdiät

Salmonellose

Tiefkühlkette

Unfall, Notruf

Vergabehaushalt

Wirtschaftskreislauf

Xylit

Yang

Zutatenliste

8.6 Geschirrspülen mit der Maschine oder von Hand?

Wir ermitteln die Betriebskosten.

1. Ermittelt mithilfe der Produktinformationen
   a) den Wasserverbrauch,
   b) den Stromverbrauch für einen Spülgang.
      Übertragt die Werte in die Tabelle, vgl. S. 63.

Geschirrspülmaschine Produktinformationen	
Energieverbrauch kWh pro Programm	1,05
Standardbefüllung Maßgedecke	12
Wasserverbrauch l pro Programm	14

2. Berechnet die Betriebskosten, die täglich bei der Benutzung der Geschirrspülmaschine entstehen.

Datum:

Hilfs- und Betriebsstoffe	Einheit	Preis je Einheit in €	1 Spülgang pro Tag	
			Verbrauch	Kosten in €
Wasser	m³	4,05	0,014	0,06
Strom	kWh	0,20	1,050	0,21
Reiniger	kg	2,00	0,030	0,06
Klarspüler	l	4,80	0,003	0,01
Salz	kg	1,00	0,020	0,02
tägliche Kosten	–	–	–	0,36

3. Berechnet die Betriebskosten, die täglich beim Spülen von Hand entstehen.

Hilfs- und Betriebsstoffe	Einheit	Preis je Einheit in €	2 Spülgänge pro Tag	
			Verbrauch	Kosten in €
Wasser	m³	4,05	0,040	0,16
Strom	kWh	0,20	2,0	0,40
Spülmittel	l	1,75	0,006	0,01
Spülbürste, Geschirrtuch	–	–	–	0,05
tägliche Kosten	–	–	–	0,62

4. Berechnet die Gesamtkosten für das Geschirrspülen pro Jahr a) mit der Maschine, b) von Hand.

Kostenarten	Geschirrspülen	
	Maschine	von Hand
Kapitalkosten	100,00 €	–
Betriebskosten	131,40 €	226,30 €
Gesamtkosten	231,40 €	226,30 €

Wir ermitteln die Arbeitszeit.

1. Berechnet die Arbeitszeit für das Geschirrspülen pro Jahr a) mit der Maschine, b) von Hand.

Arbeitszeit	Geschirrspülen	
	Maschine	von Hand
pro Tag	¼ Stunde	1 Stunde
pro Jahr	91 Stunden	365 Stunden

Auswertung:

1. Wie hoch sind die zusätzlichen jährlichen Kosten, die bei der Benutzung der Geschirrspülmaschine entstehen?

____5,10____ €

2. Welche Zeitersparnis bringt die Benutzung der Geschirrspülmaschine pro Jahr?

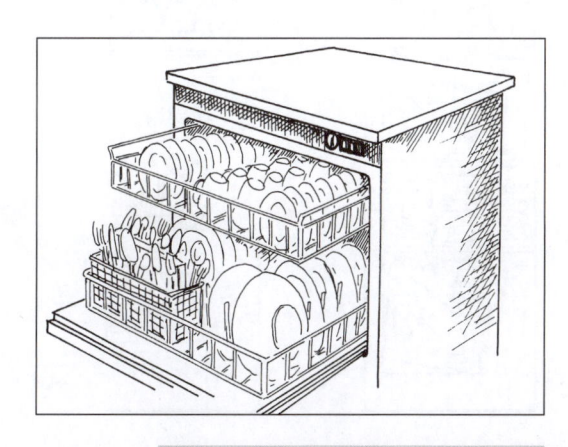

____274____ Stunden ≙ ____34¼____ Arbeitstage
(1 Arbeitstag ≙ 8 Stunden)

8.7 Einkauf im Supermarkt

Datum:

Der Supermarkt ist so eingerichtet, dass wir oft mehr einkaufen, als wir geplant hatten.

1. Kennzeichne mögliche Käuferfallen in der Abbildung des Supermarkts mit einem roten Punkt. Begründe deine Entscheidung.

2. Ergänze evtl. weitere Käuferfallen in der Abbildung.

3. Erstelle einen Bericht: Welche Käuferfallen gibt es in eurem Supermarkt?

(Mögliche Lösung)

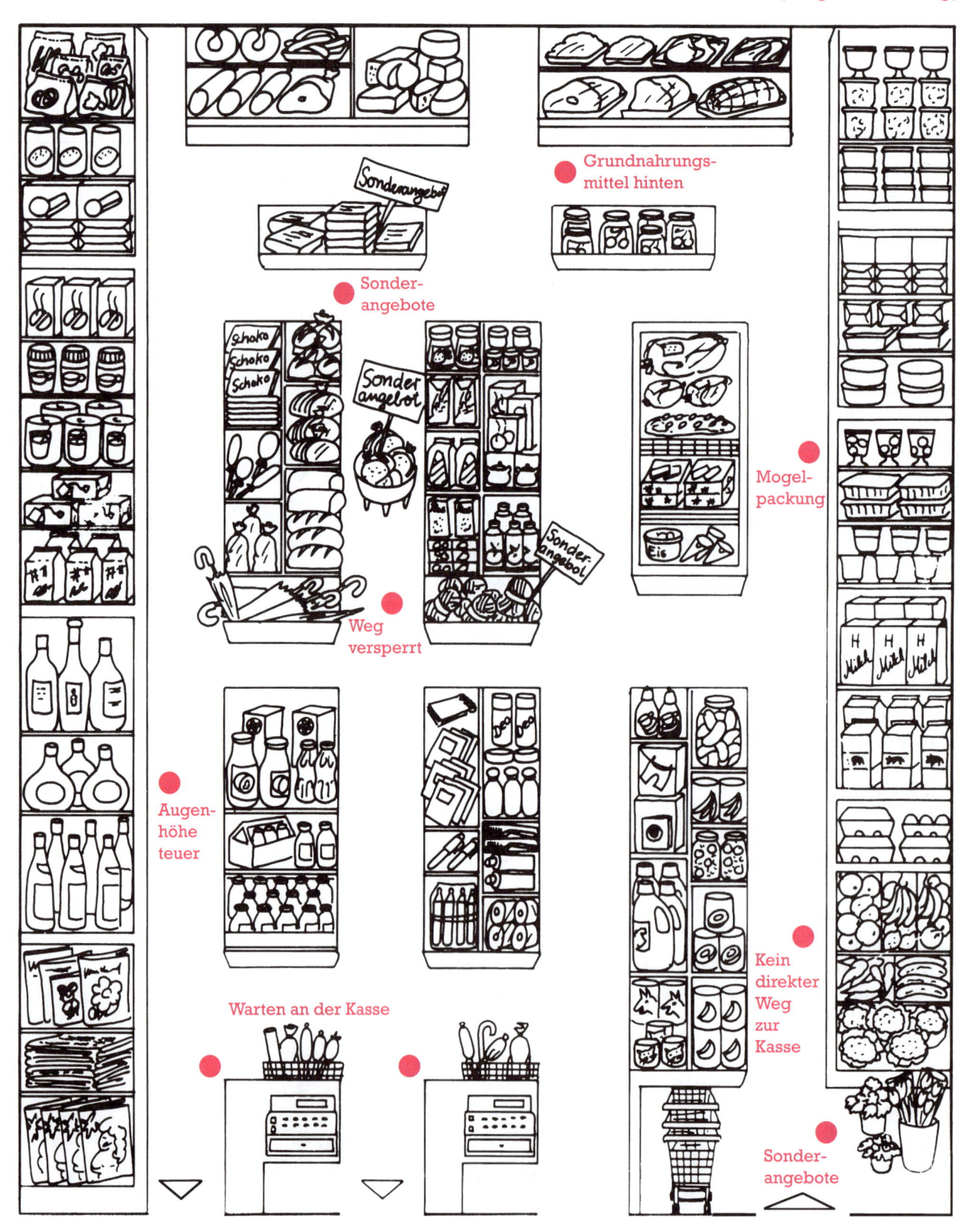

- Grundnahrungsmittel hinten
- Sonderangebote
- Mogelpackung
- Weg versperrt
- Augenhöhe teuer
- Warten an der Kasse
- Kein direkter Weg zur Kasse
- Sonderangebote

72 Haushalt und Wirtschaften

handwerk-technik.de

8.8 Reklamation – Verbraucherschutz

Datum:

Wie würdest du entscheiden?

| Rücktritt? | Ersatzlieferung? | Minderung? | Nachbesserung? | Oder? |

1. In einem Geschäft steht ein Schild „Aktionsware vom Umtausch ausgeschlossen". Herr Meier kauft trotzdem in diesem Geschäft einen Pullover für Claudia. Zu Hause stellt er fest, dass am Ärmelrand ein kleines Loch ist.

   Was sollte Herr Meier tun?

   Herr Meier soll auf Ersatzlieferung oder Minderung bestehen. Bei fehlerhafter Ware hat Herr Meier Recht auf Ersatzlieferung oder Minderung. Der Hinweis „vom Umtausch ausgeschlossen" gilt nur für fehlerfreie Ware.

2. Manfred Meier hat sich einen neuen Hi-Fi-Turm gekauft. Später stellt er gemeinsam mit seinem Freund fest, dass das Gerät nicht funktioniert. Sein Freund erklärt sich bereit, das Gerät zu reparieren.

   Was sollte Manfred tun?

   Manfred soll auf Ersatzlieferung bestehen. Der Verkäufer hat allerdings das Recht auf Nachbesserung. Falls sein Freund das Gerät repariert, verliert Manfred sein Recht auf Nachbesserung.

3. In einem Schüttkorb im Supermarkt liegt Schnittbrot. Darüber steht ein Schild „Halber Preis – Mindesthaltbarkeitsdatum fast abgelaufen". Zu Hause stellt Frau Schulze fest, dass das Brot verschimmelt ist.

   Was sollte Frau Schulze tun?

   Frau Schulze soll auf Ersatzlieferung oder Rücktritt bestehen. Das Brot ist verdorben. Es muss trotz des Hinweises „Mindesthaltbarkeitsdatum fast abgelaufen" umgetauscht werden.

4. Herr Meier sieht sich in einem Fachgeschäft verschiedene Elektromesser an. Ein Modell gefällt ihm besonders gut, allerdings stellt er am Gehäuse eine starke Schramme fest. Er fragt nach einem entsprechenden unbeschädigten Messer, doch im Geschäft ist kein weiteres Elektromesser dieser Art vorrätig.

   Herr Meier möchte das Elektromesser unbedingt kaufen. Was sollte er tun?

   Herr Meier sollte Minderung verlangen. Das Elektromesser arbeitet zwar einwandfrei, es sieht jedoch „schlecht" aus.

8.9 Einkauf: Vorsicht

Datum:

K Ä U F E R F A L L E

1. Lies die Aufgaben.
2. Entscheide, ob die Aussagen richtig oder falsch sind.
3. Berichtige die falschen Aussagen jeweils in der Zeile darunter.
4. Bei richtigen Aussagen folgst du den durchgezogenen Linien im Irrgarten auf der nächsten Seite, bei falschen Aussagen den unterbrochenen Linien.
   Manche Stationen können auch öfter angefahren werden.
5. Sammle die jeweils erreichten Buchstaben, sie ergeben in richtiger Reihenfolge ein Lösungswort.
6. Sind deine Entscheidungen richtig, so findest du den Weg aus dem Irrgarten.
   Los geht es! Hier sind die Aussagen!

1. Große Einkaufswagen erleichtern Spontankäufe.

   Richtig (Ä)

2. Sonderangebote in Schüttkörben sind besonders preiswert.   Falsch (F)

   Sonderangebote in Schüttkörben sind oft nicht billiger.

3. Nur vergessliche Personen schreiben einen Einkaufszettel.   Falsch (L)

   Ein Einkaufszettel schützt vor Spontankäufen.

4. Hungrige Menschen kaufen weniger, da sie schnell nach Hause wollen.   Falsch (F)

   Hungrige Menschen kaufen mehr.

5. Mithilfe der Zutatenliste kann ein Qualitätsvergleich durchgeführt werden.

   Richtig (A)

6. Ein monatlicher Großeinkauf spart Geld.

   Richtig (K)

7. No-Name-Produkte sind meist preiswerter.

   Richtig (E)

8. Die billigste Ware befindet sich in Augenhöhe in den Regalen.   Falsch (R)

   Die billigste Ware befindet sich unten in den Regalen.

9. Sonderangebote vor dem Geschäft locken Kunden in den Laden.

   Richtig (U)

10. Mogelpackungen gibt es nicht, da sie verboten sind.   Falsch (E)

    Mogelpackungen gibt es.

11. Durch Angabe des Grundpreises pro 1 kg bzw. 100 g wird der Preisvergleich erleichtert.

    Richtig (L)

12. Lebensmittel, die man täglich benötigt, befinden sich im Eingangsbereich.   Falsch (Ausgang)

    Lebensmittel, die man täglich benötigt, befinden sich hinten im Laden.

Datum:

Ausgang

Eingang

| Lösungsbuchstaben | Ä | F | L | F | A | K | E | R | U | E | L |

| Lösungswort | K | Ä | U | F | E | R | F | A | L | L | E |

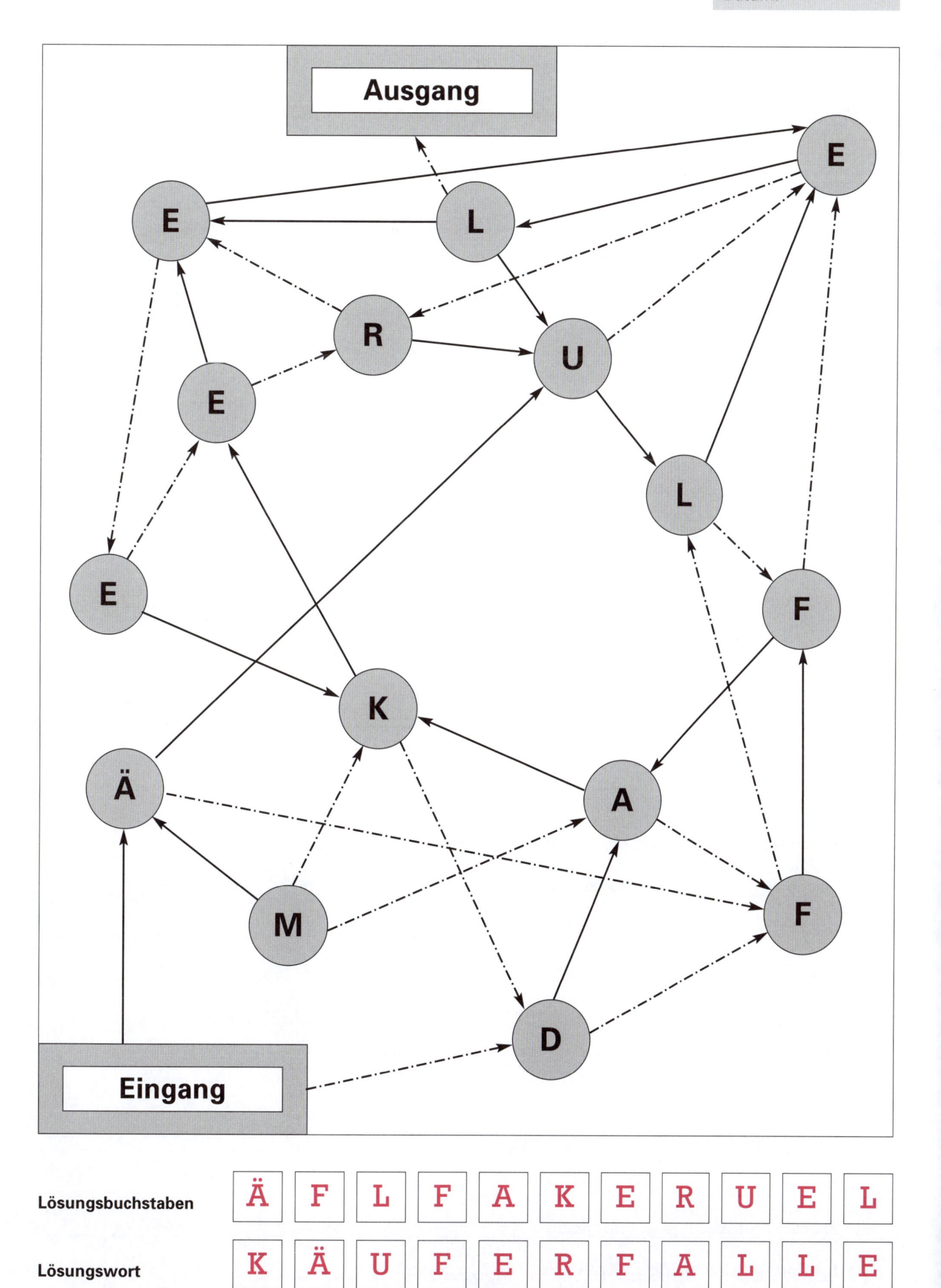

Übertrage das Lösungswort als Überschrift in die Kästchen auf Seite 74.

8.10 Konsum und Schulden

Datum:

Immer zwei Kartenstücke passen so zusammen, dass sie einen Begriff ergeben, der zum Thema Konsum und Schulden passt.

1. Suche die Teile, die zusammenpassen, und schreibe die gefundenen Begriffe auf die Linien.

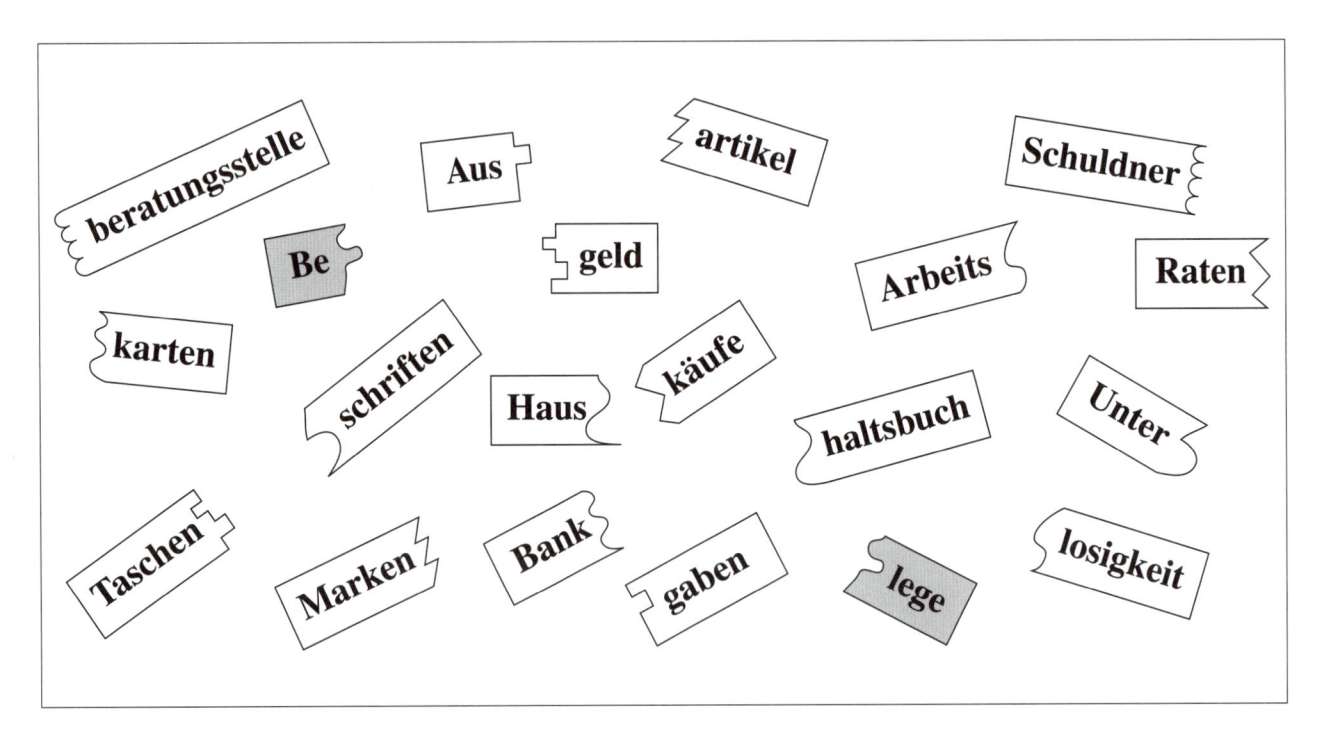

Belege, Bankkarten, Ausgaben, Arbeitslosigkeit, Haushaltsbuch, Ratenkäufe, Taschengeld, Markenartikel, Unterschriften, Schuldnerberatungsstelle

2. Notiere zu jedem Begriff einen Tipp, wie du dich vor einer Verschuldung schützen kannst.

1. Belege vom Einkauf immer aufbewahren!
2. Bankkarten nur überlegt und kontrolliert benutzen!
3. Einnahmen und Ausgaben überprüfen!
4. Bei Arbeitslosigkeit sind sicher gewesene Zahlungen nicht mehr möglich!
5. Ein Haushaltsbuch kann eine gute Orientierungshilfe sein!
6. Nicht auf Ratenkäufe eingehen!
7. Taschengeld kann auch gespart werden!
8. Man muss nicht nur Markenartikel kaufen!
9. Keine Unterschriften auf der Straße!
10. Im Notfall die Schuldnerberatungsstelle aufsuchen!

3. Vergleiche deine Tipps mit denen deiner Mitschüler/-innen und ergänze dir unbekannte Tipps.

9 Haushalt und Umwelt
9.1 Müll – eine Gefahr für unsere Umwelt

Mache Vorschläge für die Entsorgung bzw. weitere Verwertung des abgebildeten Mülls.

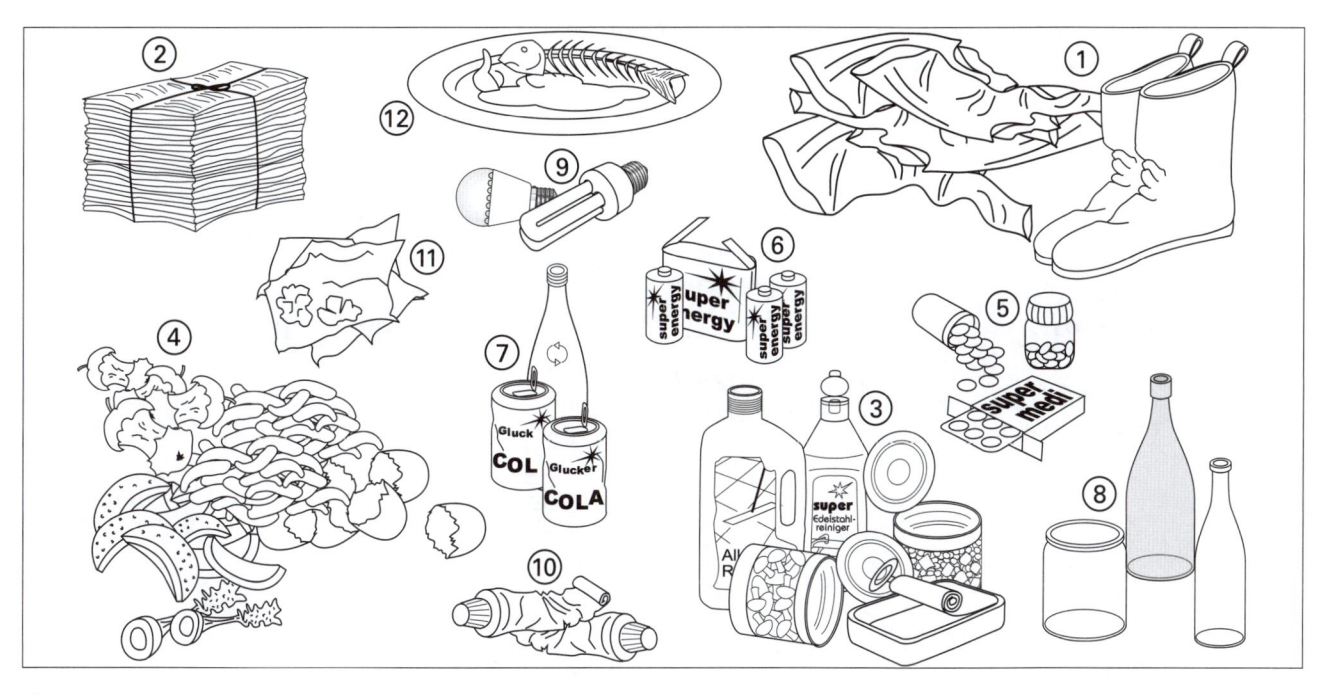

① Kleidung und Schuhe in die Altkleidersammlung.

② Papier in den Altpapiercontainer.

③ Plastikbehälter und Blechdosen in den Container mit dem Grünen Punkt.

④ Küchenabfälle von Obst und Gemüse, Eierschalen, Kaffeesatz usw. auf den Komposthaufen oder in die grüne Tonne.

⑤ Medikamente in der Apotheke abgeben.

⑥ Batterien im Geschäft zurückgeben.

Aber möglichst wiederaufladbare Akkus verwenden.

⑦ Getränkeflaschen und -dosen gegen Pfand zurückgeben, bzw. in den Container mit dem grünen Punkt einwerfen.

⑧ Einwegflaschen und Gläser nach Farben sortiert in den Glascontainer werfen.

⑨ LED-Leuchten in den Restmüll, Energiesparlampen in den Sondermüll geben.

⑩ Leere Tuben in den Container mit dem Grünen Punkt geben.

⑪ Papiertaschentücher und Küchentücher in den Restmüll geben.

⑫ Gekochte Speisereste in den Restmüll geben.

9.2 Der Umwelt zuliebe – bewusst einkaufen

Datum:

1. *Die abgebildeten Lebensmittel werden bei uns angeboten.*
   Welche Lebensmittel sollten der Umwelt zuliebe a) gekauft, b) nicht gekauft werden?

2. *Schreibe die Lebensmittel geordnet in die folgende Liste.*
   Begründe jeweils die Entscheidung.

3. *Ergänze weitere Lebensmittel, die a) gekauft, b) nicht gekauft werden sollten.*

a) Gekauft werden sollten:

② Mineralwasser,
   Mehrwegpfandflasche

④ Deutsche Markenbutter,
   kurzer Transportweg

⑥ Birnen, Klasse II,
   kurzer Transportweg

⑧ Geflügel, Bioland,
   artgerechte Tierhaltung

⑨ Erdbeeren zum Selberpflücken,
   keine Verpackung

⑩ Joghurt, selbst hergestellt,
   keine Verpackung

b) Nicht gekauft werden sollten:

① Chicken aus USA,
   Transport

③ Gurke in Folie,
   Verpackung

⑤ Joghurt im Becher mit Pappbanderole,
   Verpackung

⑦ Irische Butter,
   Transport

⑪ Wasserflasche,
   Einwegpfandflasche

⑫ Äpfel aus Südafrika,
   Transport

9.3 Was wird aus unserem Müll? – Trimino

Datum:

1. Schneide die einzelnen Dreiecke aus.
2. Ein Trimino kann allein oder zu zweit bearbeitet werden.
   Lege die einzelnen Dreiecke aneinander, bis die Ausgangsform des Triminos wieder erreicht ist.
3. Doch es gibt noch eine Besonderheit:
   Es muss jeweils eine Zuordnung des Mülls um die entsprechenden Container erfolgen,
   z. B. muss das Wort Flasche neben dem Glascontainer stehen.
4. Nachdem du das Trimino gelegt hast, erstellst du eine Mind-Map
   zu drei Müllcontainern oder du überträgst die „Müllcontainer"
   mit dem dazugehörigen „Müll" als Tabelle in dein Heft.

(Lösung auf der Rückseite)

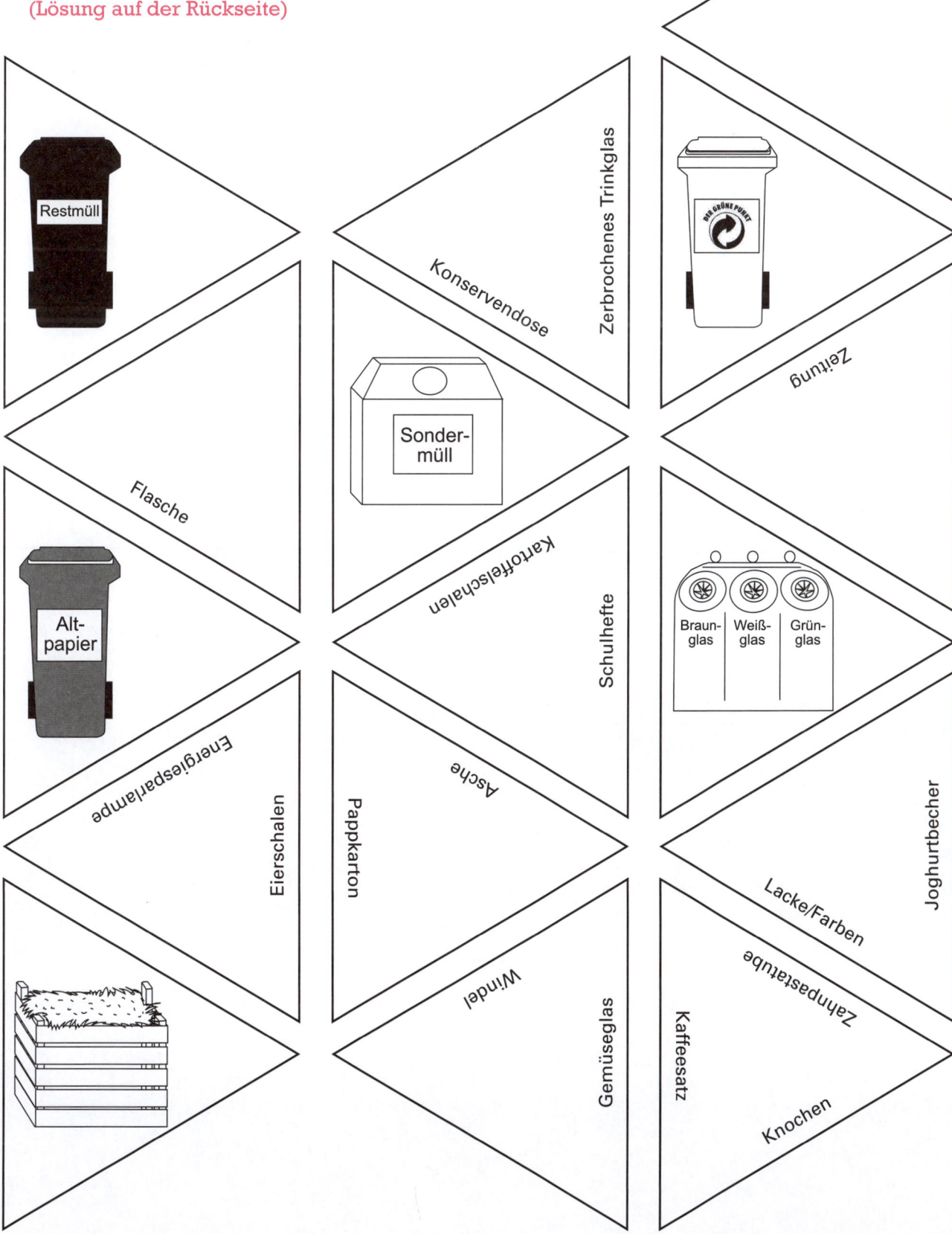

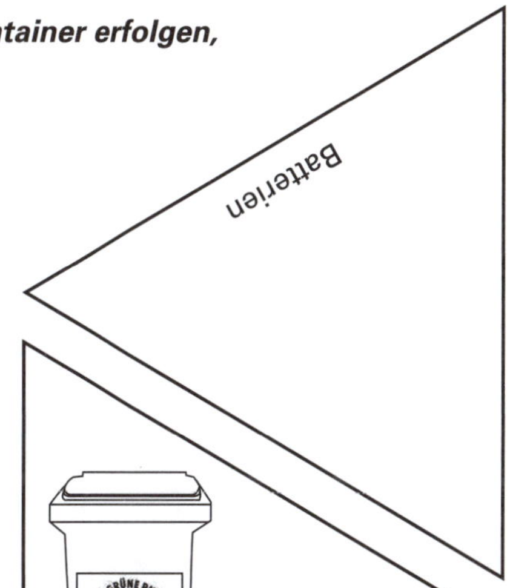

Lösung von Trimino (S. 79) – Was wird aus unserem Müll?

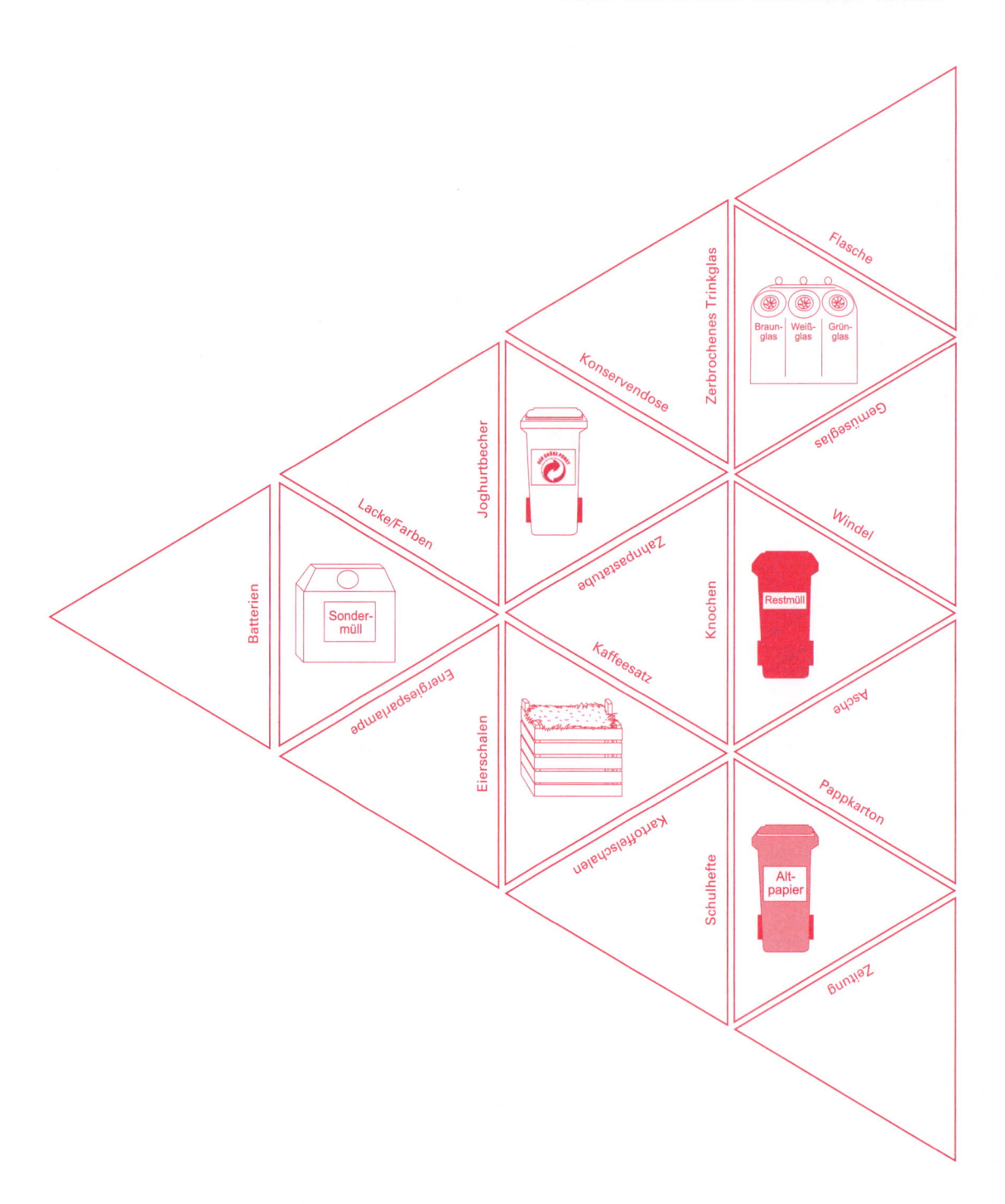

10 Wohnen
10.1 Wir beurteilen Wohnungsgrundrisse

Claudia und Sabine bekommen beim Makler drei Wohnungen angeboten.
Stellt fest, ob eine der Wohnungen den Bedürfnissen von Claudia und Sabine entspricht.

1. **Ermittlung der Raumgröße**
   Übertragt die Quadratmeterzahl in die Tabelle. Sucht im Schulbuch Informationen zu Sollgrößen der Räume.

Räume	Wohnung 2	Wohnung 4	Wohnung 6	Sollgröße
Raum 1	16 m²	20 m²	19 m²	>14 m²
Raum 2	9 m²	13 m²	14 m²	>14 m²
Bad	5 m²	6 m²	6 m²	4–6 m²
Küche	6 m²	7 m²	7 m²	8,5–12 m²
Abstellraum	1,5 m²	2 m²	3 m²	1–2 m²
Flur/Loggia	5 / 4 m²	3 / 5 m²	4 / 6 m²	– / –
Gesamtgröße	46,5 m²	56 m²	59 m²	– / –

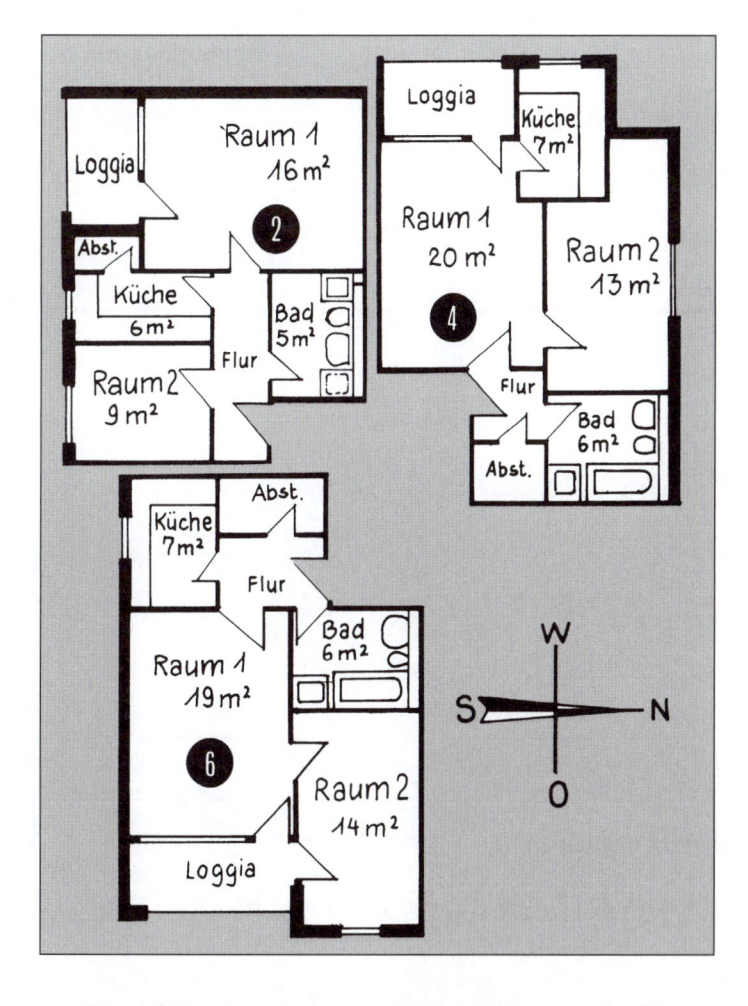

2. **Größe der Wohnungen**
   In welchen Wohnungen sind die Räume für Sabine und Claudia ausreichend groß?

   Wohnung __4__ und

   Wohnung __6__ .

   In der Wohnung __2__ ist der __Raum 2__

   _____ sehr klein.

3. **Welche Räume haben Fenster?**

   Wohnung 2: Raum 1, Raum 2, Küche

   Wohnung 4: Raum 1, Raum 2, Küche

   Wohnung 6: Raum 1, Raum 2, Küche

4. **Himmelsrichtung der Wohnungen. Um welche Tageszeit ist jeweils Sonnenschein auf der Loggia?**

   Wohnung 2: Vormittag bis früher Nachmittag

   Wohnung 4: Später Vormittag bis Nachmittag

   Wohnung 6: Morgens bis später Vormittag

5. Welche Räume sind im Sommer a) warm, b) kühl?

Wohnung 2: a) Raum 1, Loggia, Küche, Raum 2

b) Bad, Flur

Wohnung 4: a) Loggia, Raum 1, evtl. Küche

b) Raum 2, Bad, Flur

Wohnung 6: a) Küche

b) alle anderen Räume

6. Lage der Räume zueinander

Wohnung 2: Das Bad liegt nahe bei Raum 1 und 2.

Der Abstellraum liegt neben der Küche.

Alle Räume sind direkt vom Flur zu erreichen.

Die Loggia ist vom Raum 1 aus zu betreten.

Wohnung 4: Das Bad ist vom Raum 2 nur durch Raum 1 zu erreichen.

Der Abstellraum liegt nicht neben der Küche.

Durchgangsraum: Raum 1. Raum 2 und Küche können nur durch Raum 1 erreicht werden.

Die Loggia ist vom Raum 1 aus zu betreten.

Wohnung 6: Das Bad ist vom Raum 2 nur durch Raum 1 zu erreichen.

Der Abstellraum liegt neben der Küche.

Raum 1 ist ein Durchgangsraum.

7. Mache Vorschläge für die Nutzung der Räume.

Wohnung 2: Raum 1: für Claudia mit gemeinsamem Essplatz.

Raum 2: für Sabine

Wohnung 4: Raum 1: (entsprechende weitere unterschiedliche Schülerantworten

Raum 2: sind möglich.)

Wohnung 6: Raum 1:

Raum 2:

8. Sind die Wohnungen für Sabine und Claudia geeignet? Kreuze an!

Wohnung 2: ja ☐ nein ☒ Begründung: Raum 2 ist zu klein, die Wohnung kann im Sommer sehr heiß sein, sonst günstig.

Wohnung 4: ja ☐ nein ☒ Begründung: Raum 2, Küche bzw. Bad sind nur durch Raum 1 zu erreichen.

Wohnung 6: ja ☐ nein ☒ Begründung: Raum 2 bzw. Bad sind nur durch Raum 1 zu erreichen.

10.2 Einrichtung eines Jugendzimmers

Datum:

Farben und Muster verändern den Raum.

1. Wählt Farben und Formen für Decken und Wände, die den Raum
   a) niedriger,   b) höher erscheinen lassen.

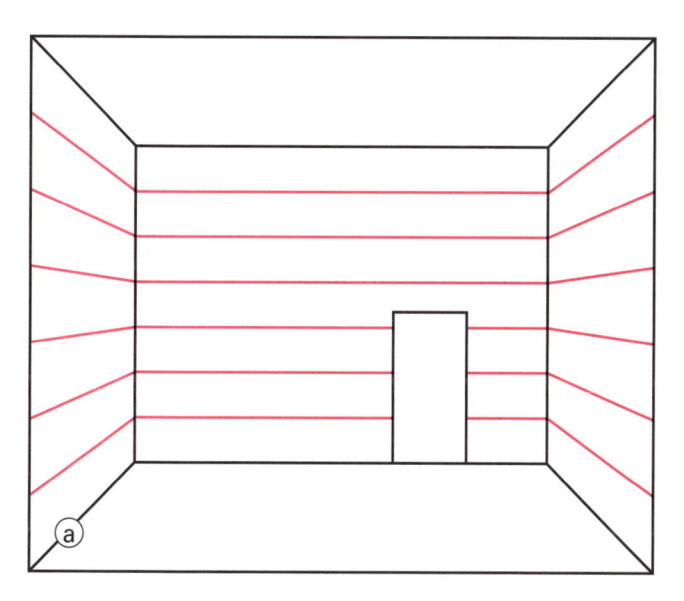

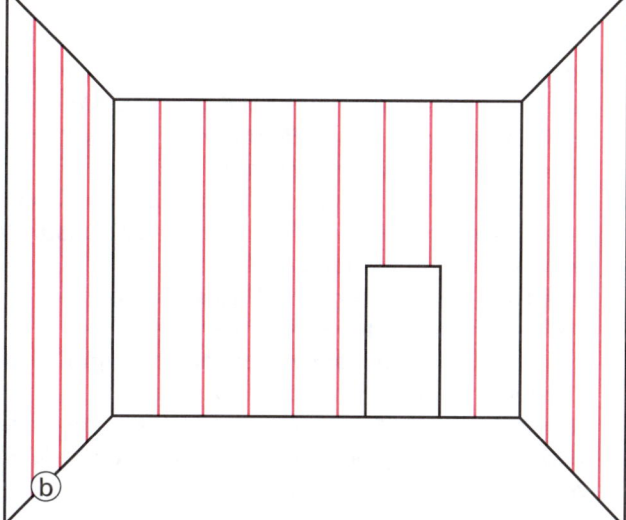

a) Räume erscheinen niedriger, wenn für die Decke und den Fußboden dunkle Farben oder für die Wände quer gestreifte Tapeten gewählt werden.

b) Räume erscheinen höher, wenn für die Decke und den Fußboden helle Farben oder für die Wände Tapeten mit senkrechten Streifen gewählt werden.

2. Wählt Farben und Formen für Decken und Wände, die den Raum
   a) größer,   b) kleiner erscheinen lassen.

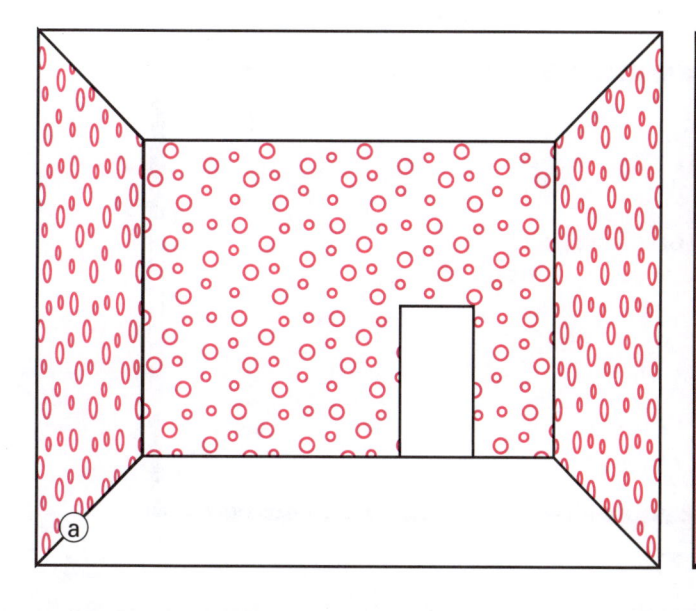

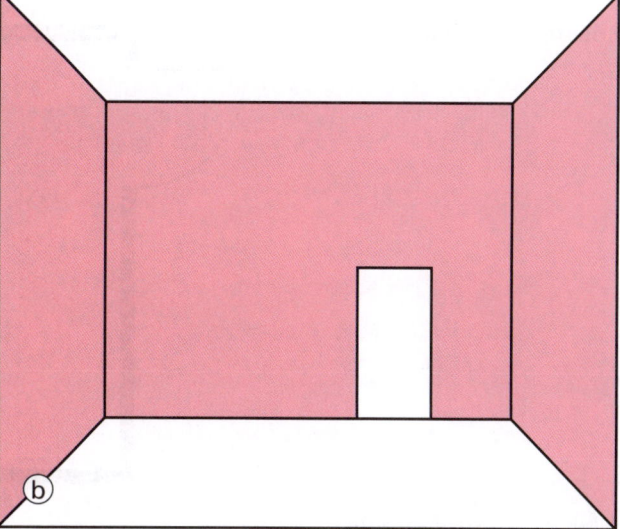

a) Räume wirken größer, wenn ein heller Anstrich oder eine Tapete mit kleiner Musterung gewählt wird.

b) Räume wirken kleiner, wenn ein dunkler Anstrich oder eine Tapete mit großer Musterung gewählt wird.

Welche Möbel werden benötigt?

Claudia möchte ihr neues Zimmer möglichst kostengünstig und wohnlich einrichten. Bettcouch, Schrank und Arbeitstisch will sie von zu Hause mitbringen.

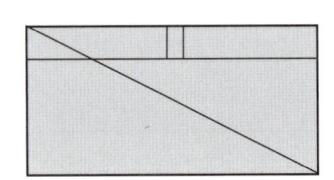

Datum:

Bettcouch
200 x 100 cm

Kleiderschrank
120 x 70 cm

Arbeitstisch
100 x 70 cm

Alle zusätzlich benötigten Möbel, Lampen, Vorhänge usw. will Claudia sich nach und nach anschaffen.

1. Zeichne die Möbelsymbole für Bettcouch, Kleiderschrank, Arbeitstisch im Maßstab 1:50 auf ein Blatt Papier. (1 m ≙ 2 cm) Schneide die Möbelsymbole aus.
2. Unten ist der Grundriss von Claudias Zimmer abgebildet. Versuche durch Hin- und Herschieben eine besonders günstige Anordnung für die Möbel in Claudias Zimmer herauszufinden.
3. Ergänze die Einrichtung in Claudias Zimmer. Stelle dir dabei folgende Kontrollfragen:
   – Welche Einrichtungsgegenstände benötigt Claudia zusätzlich für Schlafen, Arbeit und Freizeit?
   – Bleibt genügend Platz zum Bewegen?
   Zeichne weitere Möbelsymbole und schneide diese aus.
4. Klebe die Möbelsymbole ein, wenn du die ideale Einrichtung gefunden hast.
5. Vergleicht eure Ergebnisse.

Lösungsvorschlag 1

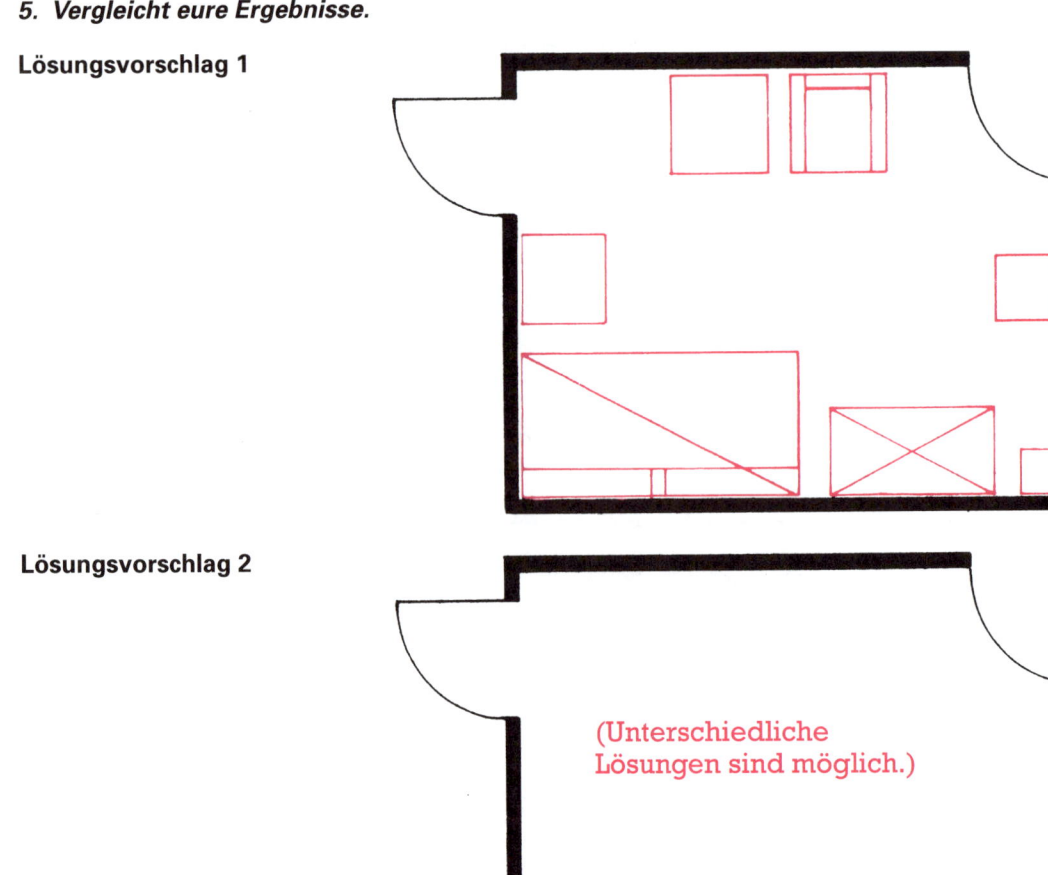

Lösungsvorschlag 2

(Unterschiedliche Lösungen sind möglich.)

Weitere Möbelsymbole

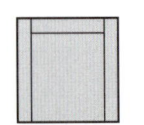

Sessel
70 x 70 cm

Schrank
120 x 60 cm

Beistelltisch
70 x 70 cm

Stuhl
45 x 45 cm

Schubladenunterschrank
60 x 60 cm

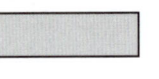

Regal
100 x 30 cm

11 Tischdecken und Tischsitten
11.1 Regeln für das Tischdecken

Datum:

1. Prüfe die Bilder ganz genau und umrande die Fehler mit einem roten Stift.

2. Beschreibe, wie man es richtig macht.

3. Zeichne auf ein Extrablatt ein Gedeck für folgende Speisen: Braten mit Soße, Salzkartoffeln, Rohkost, Apfelschorle.

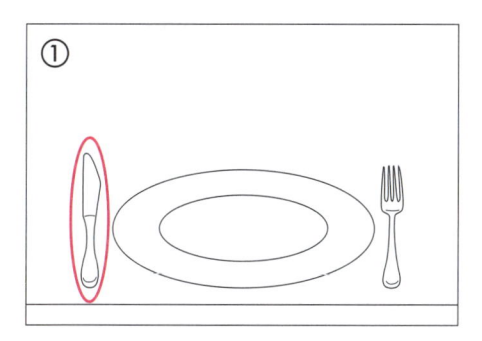

① Das Messer liegt rechts neben dem Teller (Schneide zum Teller zeigend), die Gabel links.

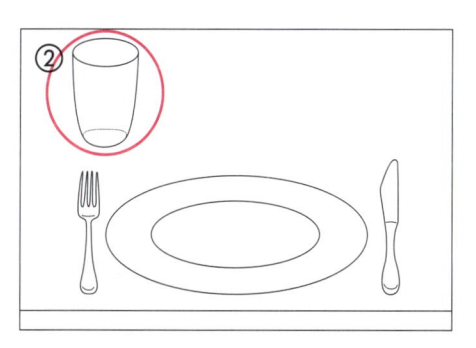

② Das Glas steht rechts oberhalb des Tellers über der Messerspitze.

③ Das Salatschälchen wird links neben dem Teller eingedeckt.

④ Das Messer zeigt mit der Klinge zum Teller. Der Löffel liegt rechts außen neben dem Messer.

⑤ Der Rand des Tellers schließt mit der Tischkante ab bzw. ist einen Fingerbreit nach innen gerückt.

11.2 Nicht nur im „Knigge" –

| T | I | S | C | H | S | I | T | T | E |

1. Lies die Aussagen.
2. Entscheide, ob die Aussagen richtig oder falsch sind.
3. Berichtige die falschen Aussagen auf dem Blatt.
4. Bei richtigen Aussagen folgst du den durchgezogenen Linien im Irrgarten auf der nächsten Seite, bei falschen Aussagen den unterbrochenen Linien. Manche Stationen können auch öfter angefahren werden.
5. Sammle die jeweils erreichten Buchstaben, sie ergeben in richtiger Reihenfolge ein Lösungswort.
6. Sind deine Entscheidungen richtig, so findest du den Weg aus dem Irrgarten.
   Los geht es!

1. Es ist eine Unsitte, die Suppe durch Pusten abzukühlen.

   Richtig (S)

2. Legt man Messer und Gabel parallel – Griffe nach rechts – nebeneinander auf den Teller, so bedeutet dies, dass man das Essen beendet hat.

   Richtig (T)

3. Es ist erlaubt nachzuwürzen, ohne die Speisen probiert zu haben.   Falsch (H)

   Erst probieren, dann würzen.

4. Wenn man eine Pause beim Essen einlegt, legt man Gabel und Messer auf den Tellerrand.   Falsch (T)

   Messer und Gabel werden über Kreuz auf den Teller gelegt.
   Das symbolisiert, dass man mit dem Essen noch nicht fertig ist.

5. Gläser werden am Stil gehalten.

   Richtig (C)

6. Damit das Essen nicht kalt wird: Nicht warten, bis der Letzte sein Essen bekommen hat.   Falsch (I)

   Erst essen, wenn für alle serviert ist.

7. Die Serviette wird nach dem Essen links neben dem Teller platziert.

   Richtig (E)

8. Wenn möglich, sollte man immer gleichzeitig mit Messer und Gabel essen.

   Richtig (S)

9. Möchte jemand keinen Alkohol trinken, so kann er anderen auch mit Mineralwasser zuprosten.

   Richtig (I)

10. Das abgegessene Geschirr stellt man beiseite.   Falsch (T)

    Wenn alle fertig sind, wird das Geschirr abserviert.

11. Den Suppenlöffel nach dem Essen in der Suppentasse lassen.   Falsch (Ausgang)

    Den Suppenlöffel nach dem Essen auf die Untertasse legen.

Irrgarten – „Knigge"

Datum:

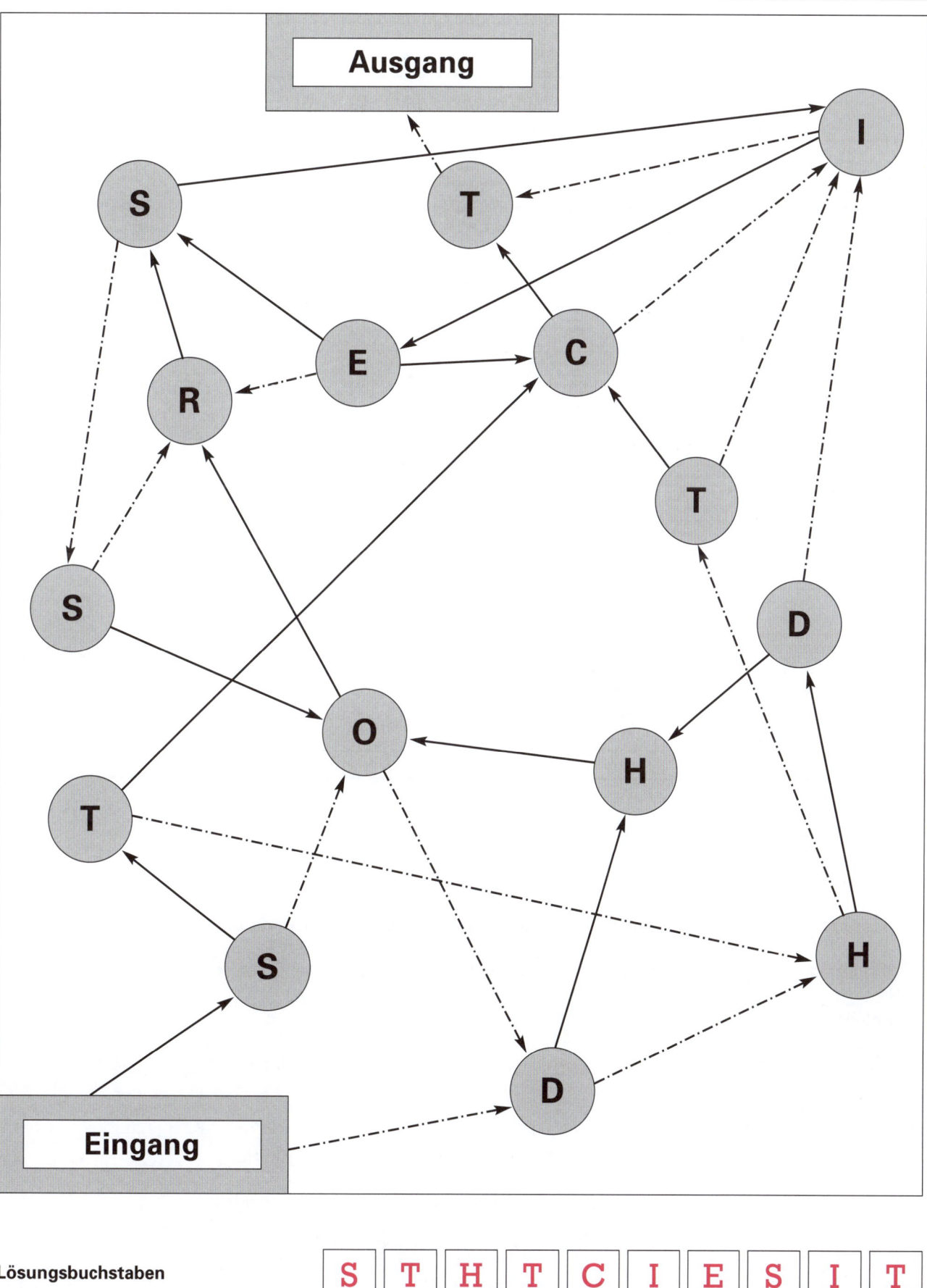

Ausgang

Eingang

Lösungsbuchstaben	S	T	H	T	C	I	E	S	I	T
Lösungswort	T	I	S	C	H	S	I	T	T	E

Übertrage das Lösungswort in die Kästchen der Überschrift auf Seite 86.

Tischdecken und Tischsitten

11.3 Tischdekorationen – Schwedenrätsel

1. Suche in dem Schwedenrätsel nach 9 Bezeichnungen für Tischdekorationen.

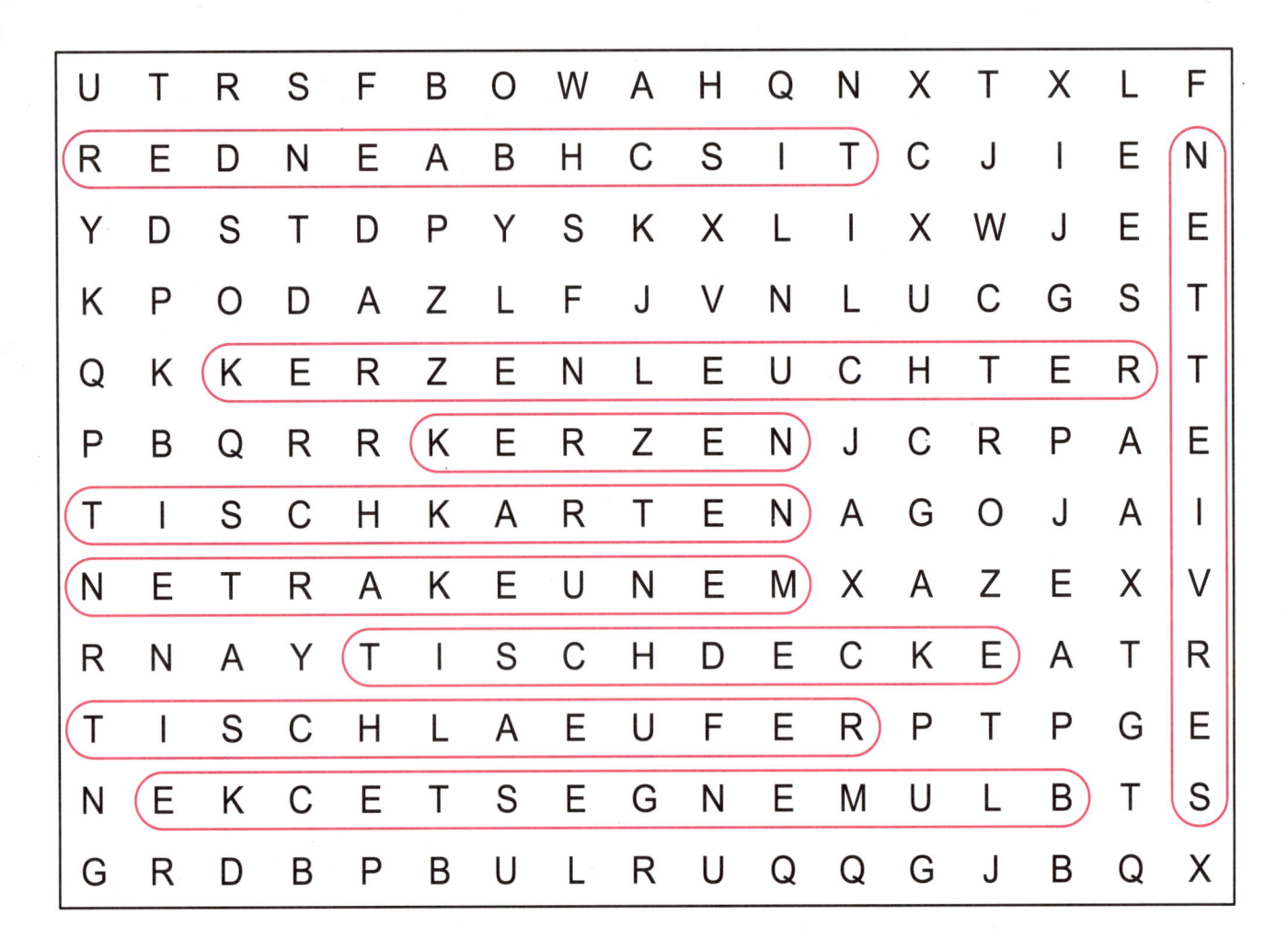

U	T	R	S	F	B	O	W	A	H	Q	N	X	T	X	L	F
R	E	D	N	E	A	B	H	C	S	I	T	C	J	I	E	N
Y	D	S	T	D	P	Y	S	K	X	L	I	X	W	J	E	E
K	P	O	D	A	Z	L	F	J	V	N	L	U	C	G	S	T
Q	K	K	E	R	Z	E	N	L	E	U	C	H	T	E	R	T
P	B	Q	R	R	K	E	R	Z	E	N	J	C	R	P	A	E
T	I	S	C	H	K	A	R	T	E	N	A	G	O	J	A	I
N	E	T	R	A	K	E	U	N	E	M	X	A	Z	E	X	V
R	N	A	Y	T	I	S	C	H	D	E	C	K	E	A	T	R
T	I	S	C	H	L	A	E	U	F	E	R	P	T	P	G	E
N	E	K	C	E	T	S	E	G	N	E	M	U	L	B	T	S
G	R	D	B	P	B	U	L	R	U	Q	Q	G	J	B	Q	X

2. Füge die ermittelten Bezeichnungen für Tischdekorationen in den folgenden Text ein.

<u>Tischkarten</u> informieren den Gast über eine bestimmte Sitzordnung am Tisch.

<u>Menükarten</u> informieren den Gast bei einem festlichen Menü über eine umfangreichere Speisenfolge.

<u>Kerzenleuchter</u> und <u>Kerzen</u> verleihen dem Raum eine stimmungsvolle Atmosphäre.

<u>Blumengestecke</u> eignen sich gut zur Dekoration. <u>Blumengestecke</u> dürfen nicht zu hoch sein, damit die Sicht zu anderen Gästen nicht behindert wird.

<u>Tischdecke</u>, <u>Tischläufer</u> und <u>Tischbänder</u> müssen farblich auf das Geschirr abgestimmt sein.

<u>Tischläufer</u> und <u>Tischbänder</u> werden über die Tafelmitte gelegt.

<u>Servietten</u> können unterschiedlich gefaltet werden, z. B. als Spitz oder als Mütze. Servietten sollten ebenfalls farblich zum Geschirr passen.